LA

Maison de France

Et ses Armes

LE VICOMTE DE POLI

Ancien Préfet
Président du Conseil Héraldique de France

CONSEIL HÉRALDIQUE DE FRANCE

45, Rue des Acacias, 45

—

1897

La Maison de France

ET SES ARMES

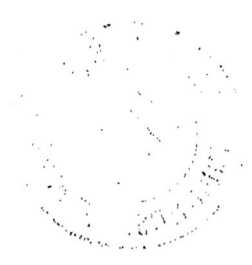

LA

Maison de France

Et ses Armes

PAR

LE VICOMTE DE POLI

Ancien Préfet
Président du Conseil Héraldique de France

PARIS
CONSEIL HÉRALDIQUE DE FRANCE
45, RUE DES ACACIAS, 45
—
1897

La Maison de France

ET SES ARMES

Un de nos plus zélés Collègues, d'une érudition
égale à sa modestie, m'a fait l'honneur de m'écrire
cette lettre, dont je ne retranche que quelques mots
trop bienveillamment flatteurs :

« ... Il ne se peut point que le procès intenté à
Monsieur le Duc d'Orléans par un Bourbon d'Espagne, en revendication du droit exclusif de porter les
armes de France, n'ait pas attiré votre attention. Ne
pensez-vous point que le Conseil Héraldique de
France a qualité pour émettre son avis sur la question
par l'organe de son digne Président ? Je suis assuré,
en vous le demandant, de répondre au sentiment de
plusieurs de nos Collègues, et aussi de personnes
étrangères à notre Société, mais sympathiques à son
objet.

« Cet avis motivé..., simplement technique, par
conséquent dégagé des irritations de la politique,

aurait, n'en doutez pas, une grande et juste valeur auprès du public impartial.

« Comme il n'apparaît pas que Louis XIV se soit occupé des armoiries que porterait son petit-fils le Duc d'Anjou en devenant roi d'Espagne, et, de fait, ce n'était pas son affaire, quand et par qui ont-elles été déterminées ? Sans doute par Philippe V lui-même ou son Conseil, mais sous quelle forme ? Il doit exister dans les Archives d'Etat, à Madrid, quelque document officiel à ce sujet, et cet instrument, s'il était produit, serait évidemment d'une importance capitale et, me semble-t-il, décisive.

« Ce qui est certain, c'est qu'actuellement et depuis une date à préciser, probablement 1700, le roi d'Espagne porte, *sur le tout*, de France *plein*, sans nulle brisure. De ce fait, qui du reste me paraît en contradiction avec la vieille coutume héraldique, et aussi avec la prépotence du Roi-Soleil, peut-il dériver pour le roi d'Espagne, ou pour tout autre prince espagnol, le droit exclusif de porter les armes de France *pleines* ? Je ne le crois pas, mais je serai prompt à me ranger à votre avis..., comme j'ai déjà fait en d'autres circonstances... »

Je rends grâces à notre distingué Collègue de cette courtoise mise en demeure, et je me suis fait un devoir de ne pas m'y dérober ; mais je crains fort qu'il ne s'illusionne sur un point : l'avis le plus étudié, le plus consciencieux, ne sera certainement pas sans soulever « les irritations de la politique », précisément parce qu'il sera motivé. Or, à moins de renvoyer les parties dos à dos, ce qui déjà ne satisferait ni l'une ni l'autre, il faudra bien conclure contre l'une ou l'autre. *Indè iræ !*

Je ne puis que promettre au lecteur, même le plus étranger aux questions héraldiques, de m'efforcer d'éclairer tous les points de la question, ce qui n'est pas un léger travail, mais je le sens indispensable : en effet, le défaut capital des études du genre de celle-ci est trop souvent de considérer tout lecteur comme aussi expert que l'auteur sur la genèse de tout ce qui s'y rapporte, et c'est de cette présomption, souvent fausse, quelquefois calculée, que découlent, dans l'opinion publique, des appréciations et des conclusions conformes à sa bonne foi, mais foncièrement erronées.

Cela dit, je viens au fait.

Le 23 mai 1892, neuf années après la mort de Monsieur le Comte de Chambord, à la fois Chef de la Maison de France et Aîné de tous les Bourbons, Monsieur le Duc de Madrid faisait porter à Monsieur le Comte de Paris une lettre par laquelle il lui contestait le droit de prendre « *dans ses armoiries les armes pleines des Bourbons* ».

« La France, — disait-il en sa Protestation, — a « emprunté les fleurs de lys aux aînés de notre fa-« mille, aux descendants de Hugues Capet, se succé-« dant de mâle en mâle, par ordre de primogéniture. « C'est en vertu de cette loi, et selon les règles du « blason, que moi seul, aîné des Bourbons, Chef de « nom et d'armes de la race de Hugues Capet, de « saint Louis et de Louis XIV, et par moi encore mon « fils et mon frère, nous avons le droit de porter, sur « l'écusson royal, d'azur à trois fleurs de lys d'or, « sans brisure. Ces fleurs de lys, placées au milieu des « armes de l'Espagne, sont aujourd'hui le symbole des « droits de notre famille, que j'ai réservés pour les « Bourbons comme pour les Orléans.

« Donc, mon Cousin, sur quelque terrain que vous

« vous placiez, vous ne pouvez porter les fleurs de lys
« sans brisure. »

Ne pouvant accepter ni la forme ni le fond de cette
Protestation, Monsieur le Comte de Paris eût été
obligé, dans sa réponse, d'entamer une polémique
qu'il jugea plus convenable et plus digne d'éviter
entre parents. Sur quoi, Don Carlos déclara que rien
n'était plus loin de sa pensée que de provoquer une
polémique, et que sa lettre du 23 mai n'avait d'autre
but que d'établir sa protestation, qui n'eut pas alors
d'autre suite.

Le 27 janvier 1895, Son Excellence don Francisco de
Bourbon, général et député espagnol, se qualifiant
Duc d'Anjou, frère cadet de notre très regretté Président d'honneur Mgr Henri de Bourbon, Duc de Séville, par une lettre adressée de Madrid à Monsieur le
Duc d'Orléans, reprenait et renouvelait « la protestation de mon cousin don Carlos », en l'aggra-
vant :

« Devenu, par la mort de mon père, par les renon-
« ciations de don Carlos, par la loi fondamentale de
« la monarchie française qui s'oppose à ce que le droit
« demeure un seul jour en suspens ; devenu, dis-je,
« le chef de la Maison Royale de France, moi, mes
« enfants et mon frère avons seuls le droit de porter
« les fleurs de lys de France, sur l'écusson royal, sans
« brisure... Si vous persistiez dans cette usurpation, je
« ne me contenterais pas d'une protestation plato-
« nique, comme don Carlos ; je porterais la question
« devant les tribunaux. La France alors et l'opinion
« publique décideraient qui, du petit-fils de Louis XIV
« ou du petit-fils de Philippe d'Orléans, a pour lui le
« droit, l'histoire et la justice. »

Avant d'examiner « techniquement » les fondements du droit prétendu par « Don Francisco-Maria
de Borbon y de Castellvi »[1], il n'est pas sans quelque
intérêt de noter, au passage : Qu'il ne fait point
partie de la « Familia Real de España »[2] ; qu'il n'est
pas Infant d'Espagne[3] ; qu'il n'a pas rang de Prince
de Maison Souveraine[4] ; que, dans l'ordre de primogéniture, il ne vient qu'au sixième rang parmi les
Bourbons d'Espagne, ayant au-dessus de lui Monsieur
le Duc de Madrid, S. A. R. le Prince D. Jayme,
S. A. R. l'Infant D. Alphonse, S. M. le Roi D. François d'Assise, et S. M. le Roi D. Alphonse XIII.
C'est, en vérité, passer par dessus bien des têtes cou-
ronnées ou couronnables et, comme Guzman, ne
connaître pas d'obstacles. Le Général D. Francisco de
Bourbon, certes, a fait ses preuves de bravoure[5] ; en
prétendant au Trône de France, il fait preuves d'ambition, et le poète familier de Madame de Sévigné ne

(1) La *Guia oficial de España*, 1894, ne le qualifie pas autrement ; pp. 375, 380, 402.

(2) Voy. la *Guia*, même année, pp. 37-38.

(3) « En Espagne, il n'y a d'Infants que les fils de rois. » (Lettre
du prince de Valori à la *Libre-Parole*, 16 mai 1896). Cependant,
S. A. R. Mgr le Duc de Parme est Infant d'Espagne.

(4) C'est donc à tort que la *Libre Parole*, 30 juillet 1896, le qualifie « Son Altesse Royale ».

(5) La *Guia* de 1894 (p. 375) mentionne comme ayant reçu en
1880 la grand-croix de l'Ordre du Mérite militaire, institué « pour
récompenser des services de guerre » : « Teniente General D.
Francisco Maria Borbon'y Castellvi », et en 1893 (p. 380), la grand-
croix de l'Ordre du Mérite Militaire institué « pour récompenser
des services spéciaux : General de Division D. Francisco Maria de
Borbon y de Castellvi. »

l'en eût pas blâmé, lui qui disait avec une aimable
bonhomie :

> Quand cela dépendra de soy,
> Qui ne voudra pas estre Prince ?
> Pour moy, sans en faire à deux foys,
> Je seray du sang de nos Roys.

Plus heureux que le marquis de Coulanges, Don
Francisco peut se dire « du sang de nos Rois » ; mais,
sur le terrain spécial où il lui a plû de se placer,
preuves de bravoure et d'ambition ne peuvent sup-
pléer à l'absence de preuves de droit. Je viens d'étu-
dier sa cause en conscience, sans autre parti pris que
celui de la vérité, résolu même à soutenir dorénavant
sa prétention si j'en reconnaissais la justesse et la justice. Au terme d'une étude approfondie, scrupuleuse-
ment impartiale, j'ai le devoir de déclarer que sa prétention est absolument chimérique, qu'elle contredit
l'opinion loyalement manifestée par son propre frère
aîné, feu Mgr le Duc de Séville, et qu'elle a contre
soi le droit, l'histoire, la foi des traités, — et l'héraldique.

II. — LE TITRE DE DUC D'ANJOU. — Il est de
notoriété publique que Don Francisco a cru pouvoir

relever spontanément et s'attribuer le titre de Duc
d'Anjou. En outre, depuis qu'il s'est posé en Prétendant, il ne signe plus que de son nom baptismal, à
l'instar des Rois, et même il a été dit en son nom, par
le bon avocat d'une cause mauvaise, dans un article
intitulé *Procès des Fleurs de lys*, qu'il « a SEUL le
droit.... de signer ses actes de son prénom seulement. »
(*Libre Parole*, 8 mai 1896.)

Pourquoi *seul* ? Même si sa prétention était fondée,
Monsieur le Duc d'Orléans n'en conserverait pas
moins le droit de signer de son prénom. Il suffit,
pour s'en convaincre, de consulter ce vieil annuaire,
État de la France (1712, t. II, p. 163), si précieux
dans les questions de la nature de celle qui nous
occupe :

« DES ENFANS DE FRANCE. — Le Premier Fils
« des Roys de France porte la qualité de *Dauphin*, et
« le second Fils de France s'appelle *Monsieur*, sans
« autre qualité. Mais après Mgr le Dauphin, les puî-
« nez sont Ducs de Bourgogne, d'ORLÉANS, d'Anjou,
« d'Alençon, de Valois, de Touraine, de Berry, de
« Bretagne, Pairs de France, et autres apanages. Ces
« puînez portent le surnom de France, et NE SIGNENT
« QUE DE LEUR NOM PROPRE, DE MÊME QUE LE ROY : ce que
« font aussi les Filles de France, qui sont appelées
« *Mesdames*..... Que si celuy qui possède l'apanage
« vient à être Roy, cet apanage se réunit à la Cou-
« ronne. »

En effet, l'apanage, majorat princier, était à la fois
héréditaire et bénéficiaire, car l'apanagiste n'en était,
de père en fils, que l'usufruitier, et la propriété en
appartenait perpétuellement à la Couronne, au Domaine Royal, auxquels il faisait retour en cas de dé-

faillance dans la ligne masculine, ou de déchéance, ou bien lorsque le Prince apanagé devenait Roi.

« Le titre de Roi éteint celui de l'apanage, de la « même manière qu'une grande lumière en fait dispa- « raître une moindre[1]. »

Pour pouvoir apprécier si D. Francisco de Bourbon a pu légitimement relever et s'attribuer le titre de *Duc d'Anjou*, il convient de préciser si ce titre était disponible, pour ainsi dire en jachère, et, dans l'affirmative, si Don Francisco avait qualité pour en disposer.

Robert le Fort, Duc et Marquis de France, Comte de Paris, d'Orléans, d'Anjou, du Maine et de Chartres, proche parent des Carlovingiens, « qui fut tué en combattant pour la Patrie, l'an 866[2] », fut le bisaïeul de Hugues Capet, fondateur de la glorieuse Dynastie capétienne en 987.

« Du Roy Louis VIII vinrent les Comtes d'Artois, « le dernier desquels mourut en 1472, et les premiers « Comtes d'Anjou, Rois de Naples, de Sicile et de Jé- « rusalem, finis en 1414 ; mais de son fils le Roy « S. Louis sortirent les Comtes de Clermont, devenus « Ducs de Bourbon, qui, plus de trois siècles après, « sont montez sur le Trône[3]. »

Telles sont les origines de la Maison de Bourbon, levenue en 1589 la Maison de France.

« *Bourbon*, — dit M. de Réal[4], — n'est le nom que

(1) *Dissertation sur le nom de famille de nos Rois*, par M. de Réal, 1769, p. 57.
(2) *État de la France*, 1722, t. I, p. 89. — Cf. Du Chesne, t. 29, *Véritable origine de la Maison de France*, f. 50.
(3) *État de la France*, 1722, t. I, p. 91.
(4) *Op. cit.*, p. 48.

« d'une branche particulière : c'est *France* qui est le
« nom propre de la Maison. Le nom de nos Rois est
« donc de *France*, et tous nos Princes sont de la *Mai-*
« *son de France* : en prenant ce nom, non comme un
« titre de dignité qui indique la possession d'une Cou-
« ronne, mais *comme un nom propre de famille.* »

Henri III, avant d'être Roi de France, « avoit eu le
« titre de Duc d'Anjou, qu'il donna depuis à son frère
« François, auparavant Duc d'Alençon. Philippe de
« France, Duc d'Orléans, frère unique du Roi
« Louis XIV, a porté le même titre de Duc d'Anjou,
« qui semble être devenu propre au second Fils de
« France. Deux des fils de Louis XIV l'ont porté, sça-
« voir : Philippe de France, Duc d'Anjou, né le 5 août
« 1668 et mort le 10 juillet 1671 ; Louis-François de
« France, aussi Duc d'Anjou, né le mardi 14 juin 1672,
« et mort le 4 novembre de la même année. Le second
« fils de Mgr le Dauphin, fils de Louis le grand, Phi-
« lippe de France, aujourd'hui Philippe V, roi d'Es-
« pagne, a porté le titre de Duc d'Anjou, qui fut donné
« en 1710 au 3e fils de Louis Dauphin, depuis aussi
« Dauphin, et présentement Roi de France sous le
« nom de Louis XV [1]. »

Il est clairement établi par ce qui précède que le
duché d'Anjou, fief d'apanage, avait fait retour à la
Couronne après l'avénement de Philippe V au trône
d'Espagne, et il est certain que depuis cette époque
aucun Prince Espagnol n'a porté le titre de Duc d'Anjou ; il eût fallu, pour cela, une décision de la puissance souveraine. Cette décision s'est bien produite,
mais en faveur de Princes Français et résidant en
France, ce qui démontre sans conteste que Philippe V
avait perdu ce titre ducal et l'apanage corrélatif ; il
n'a donc pu transmettre à personne de sa descendance

[1] Moréri, *Grand Dict. hist.*, 1725, t. I, p. 494.

un domaine et un titre qu'il n'avait possédés que tem-
porairement et qui, de son vivant, avaient fait retour à
la Couronne de France. C'est l'évidence même, et
quiconque a quelque peu étudié la question ne peut
en bonne conscience conclure autrement.

« On nous fait remarquer, dit le *Figaro* (12 septem-
« bre 1894), que non seulement le général D. François
« de Bourbon, dont les prétentions ont un caractère
« si imprévu, mais Don Carlos lui-même, qui est en
« ligne directe et masculine l'indiscutable héritier de
« Philippe V, n'auraient pas le droit de prendre le ti-
« tre de duc d'Anjou. Lorsque le petit-fils de Louis XIV
« monta sur le trône d'Espagne, l'apanage dont il
« jouissait comme prince français fit retour à la cou-
« ronne et fut, dans la suite, attribué *à deux reprises* à
« des puînés de la maison royale. Louis XV a reçu en
« naissant le titre de duc d'Anjou et l'a porté jusqu'à
« la mort de son frère aîné, le duc de Bretagne. A son
« tour, le second fils de Louis XV, né le 30 août 1730
« et mort le 7 avril 1733, s'est appelé le duc d'Anjou.
« Les Rois de France n'auraient pas disposé de ce
« titre du vivant même de Philippe V, si notre ancien
« droit public eût permis au roi d'Espagne de conser-
« ver le duché qui lui avait appartenu comme prince
« français. Ni D. François de Bourbon, ni même Don
« Carlos, n'ont qualité pour ressusciter un titre trois
« fois éteint. »

Voilà la vérité. Avant même les solennelles renonciations de Philippe V (1712), et lorsqu'il n'était pas
encore dessaisi de la qualité de Prince Français, que
lui avaient maintenue des lettres patentes de Louis XIV
(1700), le duché d'Anjou avait fait retour à la Couronne de France ; et ce ne fut pas seulement à deux
reprises, comme il a été dit ci-dessus, mais par quatre
fois qu'il fut ensuite attribué à des puînés de la Maison

de France : d'abord, au Prince qui fut Louis XV, puis
à son second fils (Philippe, né en 1730, mort en 1733),
ensuite à son petit-fils le Duc de Berry (Louis XVI), et
enfin à son 2ᵉ petit-fils le Comte de Provence, qui fut
le dernier Duc d'Anjou et le Roi Louis XVIII.

J'ai lu dans un article rempli de bonnes intentions
à l'égard du Prétendant espagnol, que, par suite des
renonciations de ses aînés, étant devenu le chef de la
« *Maison d'Anjou* », il était pleinement dans son
droit en reprenant le titre distinctif de sa branche.

D'abord, en droit comme en fait, il n'existe pas de
Maison d'Anjou (Voyez ci-après la fin du chapitre VII) ; ensuite, on ne produit pas ces renonciations ;
enfin, les produisit-on, elles seraient de nulle valeur,
car on ne peut renoncer rationnellement et valablement qu'à ce que l'on possède en droit ou en fait.
Qu'il me vienne à l'idée de renoncer à la Couronne
d'Espagne, cette renonciation créera-t-elle un droit
pour mes descendants ? On ne peut communiquer un
droit qu'on ne possède pas [1].

Et quelle puérilité, de vouloir qu'on soit légitimement Duc d'Anjou parce qu'on s'appelle ou s'est appelé Anjou ? Depuis quand le nom implique-t-il for-
cément la possession du fief homonyme ? Sans chercher
plus loin, le Chef de la Maison de Savoie possède-t-il
le duché de Savoie ? Le Chef de la Maison de Rohan
possède-t-il le titre de duc de Rohan ? La Savoie est à la
France, et le duché de Rohan à la Maison de Chabot.

Le seul argument que puisse opposer D. Francisco
de Bourbon, c'est sa prétention même au trône de

---

(1) Sainte-Palaye, *Mém. sur l'anc. chevalerie*, III, 74.

France : par l'affirmation de ce qu'il estime être son droit, il se proclame le successeur légitime de Henri V, il est « le Roi », et, comme tel, il peut s'attribuer tel titre vacant, en jachère, à la disposition de la puissance souveraine : car tel est son plaisir.

Il n'est pas contestable que le titre ducal d'Anjou, comme tous les titres qui ont été portés dans la Maison de France et ne le sont pas actuellement, ne puisse être relevé par son Chef, ou par un de ses membres avec l'assentiment de son Chef.

Le Chef, c'est moi ! dit Don Francisco. C'est donc sa prétention même, le fondement de son droit, le fond de la question qu'il convient d'examiner, pour pouvoir décider avec équité si les Bourbons d'Espagne, ou l'un deux, sont les propriétaires légitimes et exclusifs des armes de France sans brisure. — Nous viendrons à cet examen après avoir étudié le droit et la coutume en matière d'armoiries, spécialement la question des brisures, et en général tout ce qui peut mettre le lecteur à même de prononcer en pleine connaissance de cause.

III. — ARMOIRIES. — L'origine des armoiries a donné lieu à maintes controverses, à maints assauts d'érudition. Les uns sont allés la chercher au plus lointain des âges ; les autres la rattachent aux tournois ; ceux-ci, aux croisades[1] ; ceux-là, au régime féodal. Ces derniers ont raison, mais les premiers n'ont pas tout à fait tort.

Les *armes* ou *armoiries* sont évidemment d'origine militaire ; leur nom même en fait foi, comme aussi les mots *écu*, *écusson*, dérivés du latin *scutum*, bouclier.

Les signes distinctifs, — couleurs ou figures, — sont aussi anciens que les armées. Le doctissime Du Cange l'établit par des exemples de la plus vénérable antiquité : « Les *armes*, dit-il, ont pris leur origine des boucliers des anciens[2]. » Mais les boucliers ne faisaient évidemment que reproduire les couleurs ou les images des enseignes. *Scutis continebantur imagines*, dit Pline. L'écu de Pompée portait un lion tenant de la patte droite une épée. (Plutarque, *Vie de Pompée*). Chaque légion romaine avait son aigle ; chaque cohorte, son enseigne et un bouclier particulier. Il semble que chacune des légions et cohortes, outre son numéro d'ordre, ait eu un surnom correspondant à son signe propre : telle la fameuse Légion de l'*Alouette*.

Les Germains avaient des boucliers bariolés des couleurs les plus brillantes. Celui d'Irminsul portait l'image d'un lion. Le symbole vénéré des Æstiens était un sanglier[3]. Diodore de Sicile rapporte que les Égyptiens eurent, les premiers, des enseignes mili-

(1) Fauchet, *Orig. des armoiries*, c. 2.

(2) *Traité du droit des armes, de leur orig. et usage*. B. N., ms. franç. 9466, liv. I, ch. 3, fol. 5-7.

(3) TACITE, *Mœurs des Germ.*, VI et XLV. — *Ann.*, II, 14.

2

taires, ornées de figures d'animaux, le plus souvent d'une tête de bœuf, par allusion au bœuf Apis. Entre ces enseignes et nos étendards chargés de fleurs-de-lis ou d'une croix, il n'y a qu'une différence d'époque et de latitude ; le principe fut identique : c'était l'indication d'une foi, d'une nationalité ou tout au moins d'une tribu. Les enseignes des tribus d'Israël portaient un lion, un cerf, un enfant, ou un aigle. L'emblème des Chaldéens et des Assyriens était une colombe empiétant un glaive ; celui des Athéniens, une chouette ; celui des Lacédémoniens, un aigle enserrant un serpent ; celui des Corinthiens, un Pégase. Comme les Romains, les rois de Perse avaient l'aigle. Tous ces animaux symboliques se retrouvent dans la zoologie héraldique.

Avant le régime féodal, la plupart des ducs et des comtes, ne tenant leur territoire qu'en bénéfice, à titre précaire, n'en sont pas plus propriétaires que, de nos jours, un préfet ne l'est du département qu'il administre. Ils exercent une fonction, perpétuellement révocable, sans aucun droit de possession ni surtout de transmission. Ils sont à la fois chefs militaires et gouverneurs civils, magistrats judiciaires et agents du fisc ; ils commandent les gens de guerre de leur duché ou comté, veillent à l'ordre public, assurent le respect des lois, la rentrée des impôts, et rendent la justice. Leurs troupes, à l'exemple des cohortes romaines[1], ont certainement leurs enseignes respectives, et quelque signe général de reconnaissance, — cou-

---

(1) Les légions romaines d'une partie des Gaules, en se mettant au service des Francs, y passèrent avec leurs enseignes, *cum signis*, (Procope, *Bell. Goth.*, l. i, c. 12).

leurs ou effigies d'animaux, — qui se retrouve sur le guidon du chef ou sur son armure. Si le chef change, le signe demeure, car il n'en était pas plus propriétaire que du territoire où s'exerçait son autorité ; le signe n'est héréditaire que pour la collectivité militaire, dont il symbolise la région natale, les traditions ou les vertus guerrières.

Le *bénéfice* était un propre de la Couronne donné par elle en récompense de services, comme une solde ou pension, comme un fief personnel, amovible ou viager. Montesquieu relate l'usage, établi sur la fin de la première race de nos Rois, de changer les alleux en fiefs, et la faculté accordée à tout homme libre de se recommander pour un fief. Vers ce même temps, on constate dans quelques races, issues de la Maison royale ou lui confinant, l'existence de véritables fiefs héréditaires ; l'investiture, à la mort du père, en est renouvelée au fils par le Roi, mais bien plutôt comme confirmation que comme collation de possession ; le Roi par ainsi consacre et ne crée pas le droit du successeur, qui est le légitime héritier ; loin d'impliquer l'absence du droit héréditaire, ce renouvellement d'investiture ne fait donc qu'en reconnaître l'existence. Des grandes races, l'hérédité se propagea dans les autres, et, en 877, Charles-le-Chauve sanctionna la coutume en édictant l'hérédité universelle des offices et des fiefs. Dès lors, sous l'égide de la Royauté, le gouvernement féodal se développe avec une puissance d'expansion, de fécondité généreuse, dont la Chevalerie sera la fleur exquise : « La Couronne étoit un grand fief d'où sortoient différentes branches principales, qui se divisoient en une infinité de rameaux qui se subdivisoient encore en un nombre infini de rejetons [1]. »

Avec le régime féodal, s'établit la fixité, l'hérédité du commandement et, par suite, du *signe*. Soit que le feudataire ait un signe personnel, soit qu'il adopte celui de ses gens d'armes ou de ses vassaux, ce signe, reproduit d'abord sur sa bannière, plus tard sur son scel, caractérise son droit de possession et l'hérédité de son droit. C'est là très exactement le point de départ des *Armoiries féodales,* si étroitement incorporées au fief qu'elles en deviennent partie intégrante, et lui appartiennent au même degré que son nom. « Armes sont marques de seigneurie et de propriété [2]. » Il est de l'essence même de la féodalité qu'elles soient la propriété réciproque du seigneur et de la seigneurie, et même qu'elles soient plus intimement la propriété du fief que du fieffé, car le seigneur change, et les armoiries demeurent. La réciprocité est le fondement de la féodalité, avec le principe du droit à la terre, pour les uns parce qu'ils la fécondent au prix de leurs sueurs, pour les autres parce qu'ils la défendent au prix de leur sang. La possession héréditaire du sol implique l'hérédité de ce généreux mandat et prouve la noblesse de la race [3].

Attribuer à la seconde moitié du xiie siècle l'éclosion des armoiries, parce qu'à cette époque elles

---

(1) Mignot de Bussy, *Lettres sur l'orig. de la Noblesse Françoise,* 1763, p. 216-224. — Cf. Alf. Levesque, *Du droit nobil. franç.,* p. 19.

(2) Du Cange, *Traité du droit des armes,* l. 3, ch. 39.

(3) Moreau, t. 30, charte de 1073 : « Nobilibus *terre* viris ». — Guérard, *Cartul. de St-Bertin,* ch. 67 : « Nobilitas *terre* ». — Cf. Basnage, *Comment. sur la Coutume de Normandie.*

apparaissent en nombre sur les sceaux équestres, c'est impartir aux sceaux, instrument beaucoup plus civil que militaire, une importance excessive, et méconnaître celle des enseignes, des pennons, des bannières, bien antérieurs aux sceaux et qui portaient indubitablement les couleurs, le signe du seigneur féodal; c'est de là qu'ils passèrent dans les sceaux.

Un fait qui prouve l'origine militaire des *armoiries*, c'est que dans les premiers temps les femmes n'en avaient pas, évidemment parce que, n'ayant pas à guerroyer, elles n'avaient ni écus, ni cottes d'armes, ni bannières, où elles pussent les porter. Sur leurs sceaux, l'épée chevaleresque est généralement remplacée dans leur main par une fleur ou par un oiseau; les armoiries n'y apparaissent que lorsqu'elles tendent à devenir une propriété familiale, commune à tous les rejetons de la race.

L'origine des *armoiries* est certainement antérieure au XIIᵉ siècle; n'en aurions-nous aucunes preuves, nous serions encore induit à le présumer, parce qu'elles étaient indispensables aux chefs féodaux, ne fût-ce que comme signe de reconnaissance et de ralliement. Qu'à huit cents ans de distance les preuves soient extrêmement rares, c'est bien naturel; mais elles ne font pas absolument défaut. Si l'on ne peut admettre l'authenticité des sceaux armoriés de Louis, fils de Charlemagne, et de Sadiger, duc de Mosellane ¹, appendus à une charte de l'an 824, non

(1) MAGER, *De advocat. armat.*, cap. 5; cité par le Président de l'Acad. d'archéol. de Belgique, dans sa *Notice sur l'orig. des armoiries*, 1849, p. 11, où il est dit que le sceau du fils de Charlemagne avait un écu parti; au 1, une aigle éployée; au 2, semé de fleurs-de-lis.

plus que des sceaux de Robert Ier, comte de Flandre (1072), et de Henri, duc de Bourgogne († 1066) ; si l'on peut suspecter, comme ayant peut-être été refaite au xiiie siècle, la pierre sépulcrale conservée dans l'église des PP. Bénédictins, à Erfurt, et qui porte l'épitaphe et les armoiries de Walter, comte de Gleisberg [1], mort en 1036, — armoiries portées après lui par toute sa descendance, — il est constant que dès 1089 le sire de Lavieu, en Forez, usait d'un scel armoyé [2] ; que tels descendants des compagnons de Guillaume le conquérant (1066) portaient en Angleterre des armes identiques à celles de leurs homonymes français ; que les seigneurs de Sai, connus en Basse-Normandie dès le xie siècle, et les seigneurs de Say ou du Say, non moins anciens en Bourgogne, portaient le même écartelé ; enfin, que le sceau équestre de Foulques Rechin, comte d'Anjou, appendu à une charte du 24 avril 1090, présente un écu armorié de trois bandes [3]. Cette dernière constatation suffirait seule à démontrer que l'usage des armoiries fut antérieur au xiie siècle [4].

A l'origine et jusque dans la seconde moitié du xiiie, les armoiries sont propres au fief ; le seigneur ne les possède que parce qu'il le possède ; la possession

(1) Comte Salver, *Proben des hohen teütschen Reichs adels*, 1775.

(2) L. P. Gras, *Armorial du Forez*, p. xi : « Le premier blason connu en Forez est le sceau d'un Lavieu, de l'an 1089. »

(3) P. Marchegay, *Archives d'Anjou*, I, 36 et 322. — Le sceau équestre de Hugues II, duc de Bourgogne, en 1102, porte un écu bandé de 6 p., à la bordure. (*Coll. de Bourgogne*, t. 31, f. 99).

(4) M. du Buisson de Courson, *Rech. nob.*, p. 86, cite les sceaux d'Adalbert, duc de Lorraine, 1030 et 1037, où se voit une aigle au vol abaissé, et celui du comte de Toulouse, 1088, où se voit une croix cléchée et pommetée.

du fief est la condition de la possession des armoiries ;
de là, dans tant de lignages, ces innombrables change-
ments d'armoiries, motivés par les mutations dans la
transmission des fiefs [1]. Une autre preuve de ce caractère domanial des armoiries nous est offerte par ce
fait qu'un seigneur, possédant plusieurs fiefs et passant un acte intéressant les vassaux d'un de ses fiefs,
pour imprimer à cet acte la vigueur légale le mu-
nissait d'un scel aux armes de ce fief. J'ai souvenance
d'un sire de Coucy passant dans le même jour deux
actes, le premier intéressant Coucy, le second une
autre de ses seigneuries : chacune de ces deux chartes
était munie du scel d'armes afférent au fief qu'elle
intéressait. C'est là ce qui explique comment, même
alors que les armoiries étaient devenues familiales,
tel seigneur usait de deux ou plusieurs sceaux : deux
quittances, des 14 et 22 août 1355, sont données par
Regnault du Mesnil, écuyer, l'une et l'autre « soubz
mon seel » ; et chaque scel est différemment armoyé [2].
De même, Enguerrand de Fontaines, chevalier, en
1403 et 1409 [3]. De 1563 à 1577, Jehan de Beauvoisin use de huit sceaux différemment armoyés [4].

Le nom même, à l'origine, implique la possession
féodale et varie avec elle : de 1211 à 1243, dans ses
actes, Renaud de Coucy se nomme tantôt « Renaud
de Crespigny », tantôt « Renaud de Chincheny [5] ».

(1) A. DE BARTHÉLEMY, *Essai sur l'Orig. des arm. féodales.*
(2) *Pièces orig.* doss. 1947, du Mesnil, p. 13 et 15.
(3) *P. O.,* doss. 26856, Fontaines, p 7-25.
(4) *P. O.,* BEAUVOISIN, p. 3, 6, 8, 9, 12, 14-16.
(5) *Coll. de Picardie,* XXIV, *Cartul. de Longpont :* « Ego Re-
naldus miles de Cincinni. — Ego Ren. de Cociaco, dominus de
Cincegni. — Ego Ren. dom. de Crespegni. — Ego Ren. de Cres-

Les armoiries ont donc à la fois un caractère gou-
vernatif et militaire, puisque le seigneur féodal est,
à la fois, de par son droit héréditaire, gouverneur
civil et chef militaire. Dans la vie civile, par la voie
de son sceau, elles corroborent ses actes en certifiant leur authenticité et leur imprimant force de loi,
comme à un décret de la puissance publique. Dans
la vie militaire, elles sont le signe de son autorité
féodale, de son commandement, le signe de ralliement de ses « hommes ». Elles s'affirment principa-
lement par les couleurs, plus encore que par leurs
meubles héraldiques ; car, dans la mêlée des batailles,
les couleurs se reconnaissent plus aisément et de
plus loin que les lions, les aigles, les cygnes, les
griffons des écus et des cimiers [1].

Les féodaux adoptent pour eux-mêmes les couleurs
de leur suzerain, en variant l'ameublement de leur
écu ; c'est en quelque sorte l'*uniforme* des temps che-
valeresques ; le dernier des soudoyers ne s'y trompe
pas : par les couleurs, il discerne instantanément le
frère d'armes et l'ennemi. Dès la fin du xe siècle, les
Pulci, les Nerli, les Giandonati, les Della Bella, vassaux d'Hugues de Brandebourg, marquis de Tos-
cane, adoptent ses couleurs [2], qui se perpétueront dans
leurs races. Nous verrons, en France, les ducs de

pigniaco, dom. de Chincheni. — Ego Ren. de Chincheni, dom. de
Crespegni. » Chartes 31-35, 39-45, 50, 51, 54, 60-64, 72.

(1) Cf. BOULAINVILLIERS, *Essais sur la Nobl. de France*, 1732,
p. 82.

(2) D'*argent* à l'aigle de *gueules*. — Pulci : d'*argent* à 3 pals
de *gueules*. — Nerli : palé d'*argent* et de *gueules*. — Giandonati :
coupé d'*argent* et de *gueules*. — Della Bella : palé d'*argent* et de
gueules. — Cf. Cantù, *Hist. des Ital.*, trad. franç., V, 296.

Bourgogne, les comtes de Vermandois, les comtes de Dreux [1], branches de la Maison Royale, composer leur écu avec les couleurs de l'écu de France.

Dans sa remarquable étude, *La première croisade au point de vue militaire*, M. le commandant d'Aurelle-Montmorin signale une grande similitude d'armoiries dans les plus anciennes races féodales de l'Auvergne ; j'ai donné plus haut l'explication de cette parité, qui se retrouve dans toutes les régions ; explication que ne contredit certes pas Sainte-Palaye [2], lorsqu'il dit :

« Comme c'étoit originairement des Princes souve-
« rains ou des Seigneurs suzerains que les premiers
« Chevaliers tenoient le titre et l'épée dont ils étoient
« décorés, ils s'étoient fait, à leur réception, un de-
« voir et un honneur d'adopter les armoiries de ceux
« qui les avoient reçus dans l'Ordre de la Chevalerie,
« ou de prendre au moins quelque pièce de leur bla-
« son pour l'ajouter au blason de leur propre famille.
« Dans la suite, lorsque ces Chevaliers en créèrent
« d'autres, ils transmirent à ceux-ci les armoiries
« qu'eux-mêmes avoient adoptées : ainsi certains
« émaux ou métaux ont dû naturellement dominer
« dans les anciennes armoiries des provinces sou-
« mises à des seigneurs particuliers ; c'est-à-dire
« qu'on doit les y trouver plus communément que
« dans d'autres. »

Pas de terre sans seigneur, pas de seigneur sans terre, pas de seigneur et pas de terre sans armoiries. Dans les premiers temps de la féodalité, elles sont rares, parce que les feudataires sont peu nombreux

---

(1) V. au chap. vi, le sceau de Robert, comte de Dreux.
(2) *Mém. sur l'anc. chevalerie*, éd. 1781, I, 291-292.

encore. A mesure que s'accentue le morcellement féodal, chaque nouveau fief, à l'instar de celui dont il est issu, dont il est un démembrement, se munit des instruments, des organes nécessaires à l'exercice de la puissance féodale ; de là, la multiplication des armoiries, parallèle à la multiplication des fiefs. Au plus petit seigneur comme au plus grand, elles sont indispensables, non seulement dans la vie civile pour authentiquer ses actes, mais encore dans la vie militaire pour rallier ses hommes, pour être reconnu d'eux, malgré sa visière baissée, aux couleurs de son pennon, de son écu, de sa cotte d'armes, du caparaçon de son destrier, et à la forme de son cimier. « Les armoiries, dit du Cange [1], sont nommées *armes* pour ce qu'elles étoient gravées aux armes des nobles », c'est-à-dire sur leur bannière, leur écu, etc.

Le fils, succédant à son père dans le fief patrimonial, lui succédait aussi dans les armoiries du fief ; il avait un fils qui lui succédait à son tour ; les armoiries, par la force des choses, semblaient devenir exclusivement personnelles à la race ; puis, comme le nom, elles évoquaient de chers souvenirs de gloire ; de là à vouloir les rendre héréditaires dans la race, même si le fief passait en des mains étrangères, il n'y avait qu'un pas, et ce pas fut franchi ; le contraire n'eût pas été dans la logique des choses humaines.

En résumé, avant la féodalité, il n'y a pas à proprement parler d'*armoiries* ; il n'y a que des signes distinctifs, purement militaires, assimilables aux dif-

(1) *Traité du droit des armes*, fol. 6.

férents uniformes de nos modernes régiments ; avec
le régime féodal, ces signes prennent un caractère à
la fois militaire et domanial ; mais le domaine lui-
même est d'essence militaire, le fief n'étant en réa-
lité que la solde héréditaire en biens-fonds d'une
gendarmerie héréditaire. Au xv⁰ siècle encore, c'était
là une vérité élémentaire, acceptée de tous, même
des poètes, car Eustache des Champs dit que les
terres des Rois et des chevaliers leur avaient été
données pour défendre le peuple.

En fait, le système féodal repose tout entier sur la
défense du sol patrial[1] et la réciprocité des services ;
le même poète le définit très exactement quand il
professe que trois Ordres sont nécessaires dans un
État : les Nobles pour défendre, les Prêtres pour
prier, les Laboureurs pour cultiver [2]. Ce lien de
réciprocité unit et engage tout le monde, à tous les
degrés de l'échelle sociale ; le seigneur doit aide,
justice et protection aux vassaux ; les vassaux doivent au seigneur les services qui l'aident à remplir sa
fonction militaire et sociale.

« S'il est difficile, dit un docte héraldiste, de fixer
« d'une façon précise l'époque où le blason com-
« mença à être en usage, on peut cependant en
« quelque sorte l'identifier avec la Féodalité [3]. »

Il est parfaitement juste d'identifier les armoiries
avec la Féodalité ; elles sont indubitablement nées

---

(1) MIGNOT DE BUSSY, p. 262 : « Le principal devoir d'un fief
étoit de combattre. »

(2) Poésies ms. d'Eust. des Champs ; cit. par Sainte-Palaye,
Mém. sur l'anc. chevalerie, éd. 1781, I, 127.

(3) A. DU BUISSON DE COURSON, *Rech. nobiliaires*, p. 86.

avec elle, par la force des choses, comme un organe
indispensable aux feudataires, chefs héréditaux des
hommes de guerre de leurs domaines. L'ordonnance
royale du 29 juillet 1760 précise l'origine des armoiries, leur caractère initial et les causes de leur
transformation en propriété de famille se transmet-
tant naturellement, comme toute propriété, par l'hérédité directe :

« Les Armoiries, qui, dans l'origine, n'étoient que
« de simples marques ou reconnoissances que les an-
« ciens guerriers Francs portoient sur leur armure
« dans les batailles et autres rencontres où ils se trou-
« voient pour le service de leur Prince, afin d'être mieux
« distingués dans la foule des combattants, ayant en-
« suite été adoptées héréditairement par leurs enfants
« et descendants, tant pour conserver la mémoire des
« hauts faits de leurs ancêtres que pour s'exciter à les
« imiter, et étant successivement devenues par ce
« moyen le signe distinctif des différentes maisons et
« familles nobles... »

« L'hérédité des terres appelées dans les premiers
« temps *bénéfices militaires*, et ensuite *fiefs*, — dit
« M. de Laigue [1], — semble avoir engendré l'hérédité
« des titres, l'hérédité des titres a produit celle des
« noms, et l'hérédité des noms celle des armoiries. »

Il faut bien le dire, l'hérédité des armoiries, —
même lorsque la famille ne possédait plus le fief
dont elles étaient le signe, « le nom muet », comme dit
G.-A. de la Roque, — fut une entorse au système
féodal. Un fief sans armoiries était jusqu'alors aussi
impossible que, de nos jours, un régiment sans dra-
peau. A partir de la fin du XIIIe siècle, les fiefs de

(1) *Rech. hist. sur l'origine de la Nobl.*, 1818, p. 283.

nouvelle formation n'ont plus d'armoiries propres, ou du moins n'ont-ils plus que celles des diverses familles qui les possèdent successivement.

Quant aux fiefs d'ancienne formation, lorsqu'ils passent d'une famille dans une autre, ils conservent leurs armoiries personnelles, parallèlement à celles du nouveau seigneur. Par contrat du 9 avril 1567, Claude de Lévis, baron de Cousan, vendit à Jean Camus, secrétaire du Roi, la baronnie de Feugerolles, « ensemble le nom *et armes* du dict Fogerolles [1] ».

La dérogation à la coutume féodale, par l'instauration de l'hérédité des armoiries, n'alla point sans produire de sérieux désordres, ni sans fomenter d'ardentes querelles entre gentilshommes, que les « armoiries », comme dit Du Cange, firent souvent « venir aux armes [2] ». *Bella movet clypeus !* En effet, parmi les nouveaux possesseurs de fiefs, les uns conservaient leurs armoiries de famille, les autres, arguant de la coutume féodale, arboraient celles de leur nouvelle possession ; mais comme elles étaient en même temps celles de la famille qui avait initialement possédé le fief, celle-ci criait à l'usurpation. Parfois, il advint que, la branche aînée subsistant, un cadet devint seigneur du fief dont la famille avait tiré son nom ; le cadet, comme seigneur et suivant l'ancienne coutume, prit les armes pleines de sa Maison ; fureur des aînés, et procès ruineux pour les deux branches [3].

A la fin du xvᵉ siècle, le désordre était si grand que

---

(1) DE LA TOUR-VARAN, *Chron. des châteaux*, etc., I, 418.— L'orig. de ce contrat est dans les archives du château de Feugerolles.

(2) *Traité du droit des armes*, fol. 5.

(3) *Ibid.*, f. 143.

Charles VIII, par lettres-patentes du 16 juin 1487, érigea un « mareschal d'armes des François » et donna cette charge à « Gilbert Chauveau, dict Bourbon, herault d'armes de nostre très cher et très amé oncle et cousin le Duc de Bourbonnois et d'Auvergne [1]. » Moins d'un siècle après, en 1576, le désordre n'avait fait que s'accroître, ce qui appert de ce vœu des États généraux de Blois :

« Sera advisé en chacun bailliage ou province ung « Doyen de la Noblesse ou Sindic, de la personne « d'ung notable Gentilhomme eagé, pour connoistre « des armoiries, antiquitez et blasons d'armes et en « faire registre en ung greffe destiné à cet effect [2]».

Ce vœu si sage demeura malheureusement stérile, et les usurpations continuèrent, avec les querelles et les procès. Un arrêt du 18 août 1658 fit défense à Edme de Clugny, sieur de Veluron, de prendre les armoiries de la Maison de Clugny [3]. On ferait un gros livre avec les arrêts de même espèce. Au XVIIe siècle, certains jugements des intendants chargés de la réformation de la Noblesse constituent de criantes iniquités ; par exemple, le 26 juillet 1666, dans la généralité de Rouen, l'intendant Jacques Barin, marquis de la Galissonnière, condamne comme usurpateurs deux frères, Georges et Robert de la Pierre, écuyers, parce qu'ils « manquent de blason [4] ». Pense-t-on que, s'ils eussent réellement usurpé la noblesse, la première chose qu'ils eussent faite n'eût pas été de s'adjuger des armoiries ? « Aujourd'huy, disait en 1732

---

(1) CLAIRAMBAULT, t. 240, p. 139-142. — (2) Id., t. 1052, p. 48. — (3) B. N., ms. franç. 22300, p. 419. — (4) A. N., MM. 700ª, p. 20.

le comte de Boulainvilliers (*Essais*, p. 57 du *Suppl.*),
tout le monde porte des armoiries ; les roturiers en
sont les plus curieux... Ils ont donné sujet de dire
qu'il n'est point de plus belles armes que les armes de
vilain .» Mais ces la Pierre étaient pauvres, igno-
rants des choses de leurs pères, et l'esprit fiscal des
réformations rejetait volontiers les pauvres dans la
masse des taillables. N'ayant pas de terres, nos deux
écuyers ne sentaient point la nécessité d'avoir des
armoiries ; ce que n'oubliaient pas de se procurer
les nouveaux seigneurs de village, ainsi que l'atteste
la supplique suivante :

« *A M. d'Hozier de Serigny, juge d'armes de la Noblesse de France.* (Mars 1772.)

« Monsieur, — Claude François Megret, Seigneur
haut, moyen et bas justicier des terres et seigneuries
de Chevesne et de Malpeine, demeurant en la ville de
Saint-Quentin, désireroit avoir, tant pour lui que
pour ses descendants, des armoiries *pour lui servir
relativement aux dites terres.* Pourquoi il vous sup-
plie, Monsieur, de vouloir bien lui en faire expédier
un Brevet, et il ne cessera d'être reconnoissant de la
bonté que vous aurez pour lui. *Signé* : CLAUDE
FRANÇOIS MEGRET [1]. »

Evidemment, le nouveau seigneur de Chevesne et
de Malpeine était plus au fait « du droit d'armes et de
leur usage » que le marquis de la Galissonnière ; il
connaissait, à n'en pas douter, le caractère originel
des armoiries, qui, dans les premiers temps de la
féodalité, constituaient une propriété nécessaire, mu-

[1] *Pièces orig.*, MEGRET, 5.

tuelle et indivise entre le Seigneur et la terre seigneuriale.

Nos Rois demeurèrent constamment fidèles à la
coutume primordiale ; en succédant à la Couronne,
ils échangeaient leur blason princier contre celui du
Royaume, dont ils devenaient Seigneurs ; les armoiries de dignité remplaçaient les armoiries d'apanage.
Le Roi de France, pour imprimer à ses ordonnances
le caractère de légalité, devait les munir du sceau des
armes de France, armes dont il était de par son droit
d'hérédité le propriétaire viager, et le Royaume le
propriétaire perpétuel. Si quelque circonstance le
forçait à déroger à la règle, le Roi en consignait la
raison dans l'acte même ; l'exception confirmait la
règle. Ainsi en agit Philippe le Bel au mois de février 1286, lorsque, devenant Roi de France, il ap-
pendit au bas d'une charte française un scel aux armes
de son royaume de Navarre :

« Et parce que, ayant pris le gouvernement du
« Royaume de France, nous n'avons pas de nouveau
« scel, nous avons fait sceller les présentes lettres du
« scel dont nous usions auparavant [1]. »

Seul, en France, le Roi porte les armes de France,
signe militaire du commandement suprême, signe national de sa puissance, de sa dignité, de sa *majesté*,
dans le sens originel du mot, c'est-à-dire de suzerai-
neté universelle.

« Les armes de dignité, dit Du Cange, n'appar-

(1) « Et quod, postquam gubernationem regni Franc. suscepi-
mus, sigillum novum non habuimus, presentes litteras sigillari fe-
cimus sigillo quo prius utebamur. » P. DE FLEURY, *Sceaux orig.
des arch. de la H.-Marne*, num. 10.

« tiennent qu'à celluy qui posséde la dignité. *Les*
« *armes d'un Royaume n'appartiennent qu'à celluy qui*
« *est Roy, et nuls, quoy qu'issus de mesme Maison que*
« *les Roys, ne les peuvent porter sans quelque diffé-*
« *rence*; ce qui s'est observé de tout temps [1]. »

Nous allons donc parler de la brisure héraldique,
« la tour de Babel du blason », comme la définit avec
une spirituelle exactitude le savant comte Amédée de
Foras [2].

IV. — BRISURES. — « Ménestrier nous dit dans
« son Abrégé en vers (n° XIX) :

> « Le blason plein échoit en partage à l'aîné ;
> « Tout autre doit briser, comme il est ordonné.

« Ordonné, c'est vite dit ! Le besoin d'avoir une
« rime est la seule ordonnance qui ait réglé les bri-
« sures, sauf pour quelques Maisons souveraines, pour
« lesquelles cette ordonnance même comporte un
« grand nombre d'exceptions... Heureusement, la

(1) *Traité du droit des armes*, fol. 148.
(2) *Le Blason*, p. 60. — Ce splendide traité est le guide le plus
sûr en matière héraldique.

« maladie des brisures ayant cessé d'exercer ses ra-
« vages, je n'ai pas besoin d'en parler plus longue-
« ment; mais les armoiries en ressentiront toujours
« les tristes résultats, inoculés dans leur art. Je pro-
« pose une *brisure d'altération* au dystique de Ménes-
« trier :

> « Le blason que brisait tout autre que l'aîné,
> « C'est un boulet de fer aux chercheurs enchaîné [1]. »

Cherchons quand même, et nous trouverons.

« Les pièces dont on se sert communément pour
« brisures des armes de ce royaume et d'ailleurs,
« après le *lambel*, la BORDURE et le *baston*, sont le
« *franc-canton*, la *molette*, les *croissans*, les *estoiles*,
« les *bezans*, et généralement toutes les autres pièces
« qui diversifient les armes plaines [2]. »

Parcourez les registres des *Titres scellés* de Clairambault, vous rencontrerez en effet dans les sceaux
d'innombrables brisures [3]: bordures, lambels, cotices,
bâtons, — croissants, étoiles, molettes ou merlettes en
abîme, etc. « Les plaines armes, dit Du Cange, appartiennent aux aisnez. » Il cite, pour preuve, de
vieux auteurs, non moins formels sur ce point : « Les
insignes de noblesse n'appartiennent qu'à l'aîné :
*Insignia nobilitatis penès primogenitum remanere de-
bent* [4]. » Il cite encore la Coutume de Chaumont,
dont l'article 8 porte que « les armes plaines de la
Maison appartiennent à l'aisné », au chef de la race,

---

(1) Comte A. DE FORAS, *Le Blason*, p. 60-61.
(2) SEGOING, *Mercure armorial*, éd. 1652, p. 198.
(3) Cf. *Les brisures d'après les sceaux*, par L. Bouly de Lesdain.
(4) FRANC. MARC, *Decision. delphin.*, num. 1140.

dux et princeps generis ; et la Coutume d'Auvergne, dont l'article 51 porte que « en la succession des Nobles, l'aisné emporte le nom et armes du deffunct. »

« Les puisnez, dit encore Du Cange, brisent leurs « armes ou par addition de pièces, comme lambelz, « ou par soustraction... Quelquefois ilz mettoient un « canton de couleur ou metail, pour brisure... Les « puisnez conservent les tymbres de la Maison sans « estre obligez d'y mettre différence... Le filz aisné « porte, du vivant de son père, une brisure à ses « armes ; aprez le decedz d'icelluy, il les retient plai- « nes et sans brisure [1]. »

« Selon l'usage général de France, dit M. de Laigue, « les armes pleines sont exclusivement portées par « l'aîné ou chef de la Maison ; les puînés les portent « brisées. Cet usage est si inviolablement observé « que, par un arrêt du 9 mai 1499, des puînés furent « condamnés à quitter les armes pleines et à y « mettre la brisure, quoiqu'ils eussent une pos- « session de 60 années... Dans le XIIe siècle, les « branches cadettes adoptoient assez généralement « pour brisures l'échiqueté, la bande, etc., en con- « servant toutefois les émaux des armes pleines, les- « quelles appartiennent exclusivement à la branche « aînée [2]. »

Du Cange constate aussi cette coutume : « Ancien- « nement, dit-il, les puisnez conservoient seulement « la couleur des armes de la Maison, comme nous « voyons en celles de Dreux, Vermandois, etc. C'est

---

(1) Du Cange, *Traité du droit des armes*, fol. 26, 34, 149.
(2) *Rech. hist. sur l'orig. de la Noblesse*, p. 389 et 299.

« ce que ces quatre vers tirez d'un vieux manuscript
« enseignent :

> « Car les maisnez, ne se soucians mie
> « Porter les armes de leurs antecesseurs,
> « Seulz s'amusoient conserver les couleurs,
> « Et tout le reste forgeoient à fantaisie [1]. »

C'est-à-dire en français d'à présent : « Les puînés,
négligeant de porter les armes de leurs ancêtres, se
plaisaient à n'en conserver que les couleurs, et for-
geaient le reste selon leur fantaisie. » Louis XI faisait
dire à Marie de Bourgogne : « Jadis les Enfans des
« Roys [de France], sinon l'ainsné, ne portoient pas
« les fleurs de lys, ains seulement les couleurs ou
« métaux [2]. »

Ce fait, de ne conserver primitivement que les
couleurs de l'écusson, me paraît démontrer l'exactitude de ma thèse, que les armoiries féodales procè-
dent originellement, non des sceaux, mais des enseignes de guerre : les cadets changeaient le signe,
— le meuble héraldique, — qui ne pouvait se discerner sûrement que de près, mais ils conservaient les
couleurs, qui se pouvaient reconnaître aisément et de
beaucoup plus loin. Étant les lieutenants-nés de leur
aîné, ils portaient ses couleurs par droit et par raison, et la brisure qu'adoptait chacun d'eux « à fantaisie » devenait le signe particulier de sa compagnie
de gens d'armes ; en somme, dans un ressort féodal,
les enseignes des divers seigneurs avaient primitivement les mêmes couleurs que l'étendard de leur

---

(1) *Traité du droit des armes*, fol. 34.
(2) Cité par M. de Sozzi, *Discours... sur la dénomin. patronymique de la Maison de France*, 1769, p. 250.

suzerain, et ne s'en différenciaient que par la disposition des couleurs, voire l'adjonction de quelque
figure héraldique. Il en est de même aujourd'hui pour
les drapeaux de nos régiments, tous absolument semblables, mais différenciés par l'apposition du numéro
régimentaire. Les différentes brisures correspondaient,
peut-on dire encore, aux divers uniformes qui, de
nos jours, servent à spécifier chaque arme. Ainsi s'ex-
pliquent les similitudes d'armoiries observées par
M. d'Aurelle-Montmorin parmi les plus anciens lignages féodaux de l'Auvergne, et qui se constatent
parmi ceux de toutes les régions.

Quand les armoiries revêtirent le caractère de propriété familiale, et même après la disparition des armées féodales, la coutume des brisures n'en subsista
pas moins, comme une affirmation du droit exclusif
des aînés à porter les armes pleines, et de « l'honneur
que le puisné doibt porter à l'ainsné » ; mais la brisure ne respecta plus *les couleurs*, que les cadets
changèrent « à fantaisie » ; car, ainsi que l'a justement remarqué M. de Foras, aucune ordonnance ne
réglait la matière, et le caprice faisait loi. Les princes
eux-mêmes innovaient sans scrupule en l'espèce, à ce
point qu'en certain cas la *brisure* fut constituée par
eux à l'état de signe d'*aînesse* ; véritable hérésie héraldique, et démonstration de l'absence d'une règle.
C'est ainsi qu'en 1334 « Louis, duc de Bourbon,
« octroyoit à Jehan et Guy de Bourbon, chevaliers,
« en contemplacion du nom de Bourbon qu'ils por-
« toient, la permission de porter, et par leurs succes-
« seurs, les anciennes armes de la baronnie de Bour-
« bon, sçavoir l'escu d'or au lyon de gueules, à un

« orle de coquilles d'azur, *et que l'aisné porteroit, en*
« *l'une des coquilles estant sur la teste du lyon, une*
« *fleur de lys d'or* [1]. »

Ainsi, de par l'ordonnance ducale, c'était le puîné
qui devait porter les armes pleines ! Une *brisure d'aîné !*
Deux mots hurlant d'être accouplés ! Pur galimatias,
qui eût fait sourire madame de Sévigné, dans son
exacte et fine héraldique : « La goutte et le rhuma-
tisme, écrivait la grande marquise, sont des frères, et
ce dernier a seul une *brisure de cadet*, parce qu'il ne
revient pas comme cette cruelle goutte. » Brisure de
cadet, à la bonne heure ! — Et chaque cadet *brisait*,
au petit bonheur : les puînés de Saint-Germain, en
Normandie, portaient de gueules au *chevron* d'argent
accompagné de 3 besans de mesme... Les aisnés ne portoient point le chevron [2]. » Il n'y avait pas de règle générale, uniforme, pour les brisures, parce que chaque
seigneur en possession de l'aînesse, et avec lui ses
cadets, agissaient souverainement en la matière, et
réglaient de même les brisures, par des conventions
de famille.

Othon II, sire de Warfusée, petit-fils de Raes,
comte de Dammartin et seigneur de Warfusée, Hermale, etc., eut quatre fils : 1° Raes, sire de Warfusée,
qui portait *de gueules semé de fleurs-de-lis d'argent.*
— 2° Thomas, seigneur d'Hermale, qui portait *de
sable semé de fleurs-de-lis d'argent.* — 3° Arnoul,
seigneur d'Harduemont, qui portait *d'argent semé de
fleurs-de-lis de gueules.* — 4° Eustache, seigneur de

---

(1) CLAIRAMBAULT, t. 1240, p. 405. — HUILLARD-BRÉHOLLES,
Titres des Ducs de Bourbon, num. 2041.
(2) *Pièc. orig.*, doss. 61514, p. 58.

Neufchâteau, qui portait *de gueules semé de fleurs-de-lis d'or.* [1] — Et c'était le plus jeune des quatre frères qui portait seul les couleurs de la race (Dammartin : d'*or* au gonfanon de *gueules.*)

Des quatre fils aînés de Robert V, sire d'Estouteville, l'aîné, Robert VI, porta les armes pleines ; Colard, auteur des seigneurs d'Auzebosc, brisa d'une croisette d'or sur l'épaule du lion ; Raoul, auteur des seigneurs de Rames, brisa d'une coquille d'or sur le tout ; Nicolas, auteur des seigneurs du Bouchet, brisa d'une fleur-de-lis d'or sur l'épaule du lion [2].

En 1254, le sceau de Joriet d'Alègre, damoiseau porte un écu à la croix pleine, brisé d'un croissant au premier canton ; le sceau de Hugues-Joriet, son frère puîné, porte un écu à la croix alaisée et un croissant au 2ᵉ canton [3].

En 1389, les sceaux des quatre fils de Pierre d'Orgemont, chancelier de France, nous montrent l'aîné, Pierre, Évêque de Paris, portant seul les *armes pleines,* 3 épis d'orge ; puis viennent : Amaury, seigneur de Chantilly, de même et une *bordure* ; Nicolas, doyen de Tours, de même et une *bordure engrêlée* ; Guillaume, écuyer, de même et un *lambel* [4].

Une ancienne tradition voulait qu'un sire de Mailly, « ne pouvant supporter l'idée qu'après sa « mort ses fils briseraient leurs armoiries, varia, par « testament, l'émail de leurs maillets ; il ordonna que « son fils aîné portât, comme de coutume, d'or à 3

(1) SAINT-ALLAIS, t. XX, p. 154.
(2) CHENAYE-DESBOIS, éd. 1773, VI, 179.
(3) Le P. ANSELME, VII, 703.
(4) L. PANNIER, *Méry-sur-Oise et ses seigneurs*, p. 21.

« maillets de sinople ; son 2ᵉ fils, d'or à 3 maillets de
« gueules ; son 3ᵉ, d'or à 3 maillets d'azur ; et son 4ᵉ,
« d'or à 3 maillets dè sable [1]. » M. l'abbé Ambroise
Ledru, dans sa belle *Histoire de la Maison de Mailly*,
rejette à bon droit cette tradition, d'autant plus inad-
missible que, sous prétexte d'empêcher la brisure de
ses armes, le sire de Mailly les eût brisées au contraire
dans ce qu'elles avaient alors d'à peu près intan-
gible : les couleurs.

J'ai dit que les différends entre gentilshommes du
même estoc, au sujet du port des armes pleines,
furent innombrables. — Le 14 août 1424, entre Rollin,
Guyard, verdier de la Ferté-Macé, et Charles Guyard,
capitaine de la ville et chastel d'Exmes, frères, eut
lieu un accord-transaction, « au moyen que il, puisné,
« briseroit ses armes, et il, aisné, seul et sa branche,
« jusques et à temps qu'elle fust defaillye, auroit
« droict de les porter pleines... » — Le 8 novembre
1522, à Alençon, autre accord :

« ... au sujet des armes de la Maison de Guyard, qui
« sont *une fasce d'argent dessus 3 roses de gueules,*
« *accompagnée de 3 fleurs de lis enterrées d'or sur un*
« *champ d'azur* : noble homme Robert Guiart, sieur
« de Jercey, fils de feu Rollin et se faisant fort pour
« ses frères, et noble homme Jehan Guyart, sieur du
« Mesnil, fils de feu Charles et se portant fort pour
« l'enfant mineur de feu Nicolas Guyard, escuyer, son
« nepveu, conviennent que le dit Robert, comme aisné
« de la famille, portera le blazon cy dessus tel qu'il a
« tousjours esté porté de tems immemorial, et que le
« dit Jehan, comme puisnay, prendra *trois trèfles de*

---

(1) Pagès, ms., t. I, cité par M. l'abbé Gosselin, *Mailly et ses
seigneurs*, p. 26-27. — Moréri, éd. 1725, t. V, p. 52.

« *sinople en champ d'argent*, avecques les ornemens,
« qui sont *un casque sommé d'un lion à moitié corps*,
« qu'il a mieulx aymé que d'ajouster des brisures au
« blazon du dit Robert pour faire la différence des
« deux branches aisnée et puisnée, sauf au dit Jehan
« de changer, luy ou ses hoirs, la couleur ou le métal
« de ses armes, s'il se faisoit par adventure quelqu'une
« branche puisnée en la sienne. et à reprendre, s'il
« cuide bien faire, le blazon veritable, la tyge du dit
« Robert venant à defaillir et manquer, faulte d'hoirs
« masles [1]. »

En 1541, à Blois, Louis de Pierrebuffière, chevalier,
seigneur de Châteauneuf et de Peyrac, obtint du
Grand Conseil un arrêt faisant défense à François de
Pierrebuffière, chevalier, *seigneur de Pierrebuffière*,
« ... de porter les armes plaines de la Maison de
« Pierrebuffière , appartenantes audit demandeur
« comme descendu de l'aisné de la dite Maison, qui sont
« un lyon d'or rampant, la langue et ongles de gueules,
« en champ de sable... Et néantmoins pourra ledit
« deffendeur, comme descendu du puisné de la dite
« Maison, porter les dites armes en y mettant diffe-
« rence apparente telle que bon luy semblera ; et sera
« tenu le dit deffendeur porter l'honneur au dit de-
« mandeur, ès actes et assemblées concernant leurs
« famille et lignée, tel que les descendans des puisnez
« sont tenus et ont accoustumé de porter aux descen-
« dus des aisnez au pays de Lymosin [2]. »

Cet arrêt du Grand Conseil du Roi constituait une
dérogation violente au droit féodal, et Du Cange ne

(1) *Carrés de D'Hozier*, t. 320, fol. 23-25.
(2) Du Cange, *Traité du droit des armes*, fol. 143.

dût pas le transcrire sans quelque étonnement, car il contredisait pleinement au vieux principe posé par lui en ces termes si formels, d'accord avec le docte Du Chesne [1] :

« Quiconque tenoit la terre principale dont la fa-« mille estoit surnommée *pouvoit porter les armes* «*plaines, bien qu'il ne fust pas l'aisné* [2]. »

Et ce pouvoir était purement conforme à l'esprit, au principe de la féodalité, qui considérait les armes de domaine comme indivises entre le fief et le fieffé. Mais en 1541 la grande féodalité n'était déjà plus qu'un souvenir, et les armoiries, de domaniales, étaient devenues familiales. Le Conseil du Roi, pour la première fois sans doute, au milieu du désordre héraldique du xvi⁰ siècle, sanctionnait cette dérogation flagrante à la coutume féodale. Pourtant la Maison de France, elle, n'avait jamais cessé de donner l'exemple du respect de la vieille coutume héraldique, ce dont maints documents font foi.

A l'origine, les Princes du Sang, comme tous les féodaux, durent porter les armoiries de leurs apanages respectifs. « Au début de son règne, dit M. Adalbert « de Beaumont, saint Louis décréta qu'à l'avenir les « Princes du Sang porteraient d'azur aux trois fleurs-« de-lis, avec une brisure quelconque pour différen-« cier leur écusson de celui du Roi. »

M. de Beaumont n'indique pas où il a puisé ce précieux renseignement, dont notre regretté collègue M. Bonneserre de Saint-Denis, Directeur de la *Revue Nobiliaire*, rechercha vainement la source. On verra

(1) *Hist. de la Maison de Chastillon*, p. 519.
(2) Du Cange, *Traité du droit des armes*, fol. 26.

ci-après qu'elle est précisée dans l'*Indice armorial* de Géliot et dans le *Traité singulier du Blason*, de Gilles-André de la Roque ; mais ne l'eussè-je pas découverte, les faits seraient là pour justifier l'assertion de M. de Beaumont. Il est impossible en effet qu'un acte de la puissance souveraine n'ait pas réglé les armoiries uniformément portées, à partir du XIIIe siècle, par les princes apanagistes ; puis la Noblesse du royaume aura modelé ses brisures sur celles des Princes ; les sceaux des quatre fils du chancelier d'Orgemont, en 1389, justifient cette présomption, car les brisures de leurs écus, dans l'ordre de primogéniture, sont assez exactement celles dont usaient les puînés royaux [1].

Dans une ancienne estampe que Le Laboureur fit graver d'après l'original conservé à la chambre des comptes de Paris, et représentant l'hommage fait à Charles V par Louis, Duc de Bourbon, pour son comté de Clermont, on voit le Roi assis sur son trône, vêtu d'une longue robe semée de fleurs-de-lis, et le Duc de Bourbon, à genoux, vêtu d'une tunique semée de fleurs-de-lis, avec le bâton de gueules. Le Dauphin, fils aîné de Charles V, porte une robe écartelée de France et de Dauphiné ; le Duc d'Orléans, son frère, une robe semée de France, au lambel ; Louis de France, Duc d'Anjou, premier frère du Roi, une robe *semée de fleurs-de-lis d'or, à la bordure de gueules* ; Jean, Duc de Berry, second frère du Roi, une robe semée de France, à la bordure engrêlée [2]. « Les Filz

---

(1) Voy. aux *Preuves*, num. 1-3, les brisures des Princes du Sang aux XIVe et XVe siècles.

(2) DE LAIGUE, *op. cit.*, p. 354-355.

de France, dit Du Cange, changent leurs armes suivant le changement de leurs apanages. » Ils portaient donc des armoiries de domaine, en confor-
mité de la coutume féodale, armoiries à brisures ré-
glées très certainement par la Royauté.

Au début du xviie siècle, dans les familles nobles,
les brisures tombaient en désuétude ; les armes pleines
étant traditionnellement une distinction, chaque puîné
se les attribuait. Louis XIII tenta de réagir contre cet
abus, mais sans grand succès ; dans son édit de l'année
1615, établissant un conseiller juge général d'armes,
il est dit que « il étoit arrivé, par la licence des guerres
« et par la tolérance des magistrats, que plusieurs,
« contrefaisant les Nobles, s'étoient donné des armes,
« la plupart faussement faites et plus mal blasonnées ;
« que d'autres, voulant faire croire qu'ils étoient d'une
« tige plus ancienne et plus illustre, avoient usurpé
« des armoiries et s'ingéroient de les porter confusé-
« ment sans droit, ni titre, ni mérite ; de manière que
« *l'on ne pouvoit, comme anciennement, distinguer par*
« *les armoiries l'aîné du puîné,* les descendants en
« droite ligne des collatéraux, et le roturier du noble. »

Aujourd'hui que la Noblesse a perdu sa puissance
seigneuriale, que le droit d'aînesse est aboli, et que
les armoiries ne sont plus qu'un bien de famille également commun à tous ceux du même sang, la brisure
héraldique n'est plus qu'un souvenir archaïque ; elle
est tombée irrévocablement en désuétude. Dans une
consciencieuse étude de M. Jean Régnier, *Les Armes
de France* (*Figaro*, 9 juillet 1892), je lis : « Le dernier
exemple de la brisure imposée aux cadets date,
croyons-nous, de 1625. » J'estime que la brisure se

traîna péniblement jusqu'au commencement du xviiie siècle ; car, « en 1655, il est stipulé que l'aîné du nom d'Asnières pourra seul porter *Merlusine* en ses armes, et deux centaures pour supports [1] », et en 1694 un arrêt du parlement de Grenoble confirme le droit traditionnel de l'aîné aux armes pleines.

Devant la prétention émise par Mgr le Duc de Madrid et par D. Francisco de Bourbon, M. J. Régnier a, non sans justesse, posé cette question : même si la prétention des Princes Espagnols était fondée sans conteste, s'ensuivrait-il que l'aîné des Princes Français fût dans l'obligation de *briser* ? « Les branches cadettes d'une même famille doivent-elles nécessairement porter une brisure ? » Incontestablement, non, puisque la brisure a depuis près de deux cents ans disparu de la coutume héraldique, que les armoiries pleines sont devenues la propriété mutuelle de tous les membres de chaque famille, et que, même dans la Maison de France, les brisures d'apanage ne sont plus observées ; le *lambel* de puînesse est porté uniformément par tous les Princes, sans autre brisure, le Chef de la Maison usant seul des armes pleines. Seul, si je ne me trompe, Mgr le Duc de Montpensier, frère puîné de Monsieur le Duc d'Orléans, porte, suivant l'ancienne règle, de *Bourbon-Montpensier*.

J'ignore ce que le Tribunal répondra aux prétentions des Princes Espagnols, mais je crois le pressentir, et ce sera quelque chose comme ceci : « La Royauté n'est plus, la brisure est morte, et nous n'avons pas qualité pour la ressusciter à votre profit,

---

(1) La Chenaye-Desbois, éd. in-4°, I, 467.

en consacrant du même coup votre prétendu droit à la Couronne de France. »

D'ailleurs, si la thèse de Don Francisco était admise, comme il ne vient qu'au sixième rang parmi les Bourbons d'Espagne, il lui faudrait en bonne logique briser, sous-briser, surbriser, contrebriser, archibriser, et méditer le *Patere legem quam fecisti*.

« La brisure, a-t-on dit, n'a plus aucune portée depuis la féodalité », c'est-à-dire depuis l'éclipse du régime féodal, depuis que la possession des armes pleines n'impliqua plus la pleine possession du fief auquel appartenaient ces armes. La brisure, par suite, n'eut plus dès lors de sens, de raison d'être ; elle s'atrophia lentement et finit par disparaître, comme un organe désormais sans valeur et sans utilité.

Qu'elle ait subsisté, et encore sous une forme très atténuée, dans la race royale, cette exception découle du principe et de l'essence mêmes de la race. En effet, quand on dit que le régime féodal est mort pour tout le monde, on a raison au point de vue de l'histoire de la Noblesse et du régime actuel, mais on a tort au point de vue du droit de la Monarchie traditionnelle. Un seul fief, en effet, faisant exception, surnagea dans le naufrage de la Féodalité, et ce fief s'appelait le Royaume de France. Le Roi, *primus inter pares*, ne le possédait que comme tout seigneur possédait son fief propre [1], en vertu de l'hérédité et à charge de le

---

(1) V. 1099, Maingot de Surgères, sire de Melle, date ainsi une charte de donation pie : « Philippe tenant le sceptre du fief royal, *regii honoris sceptrum obtinente Philippo* ». (B. N., ms. lat. 5451, f. 99, et Moreau, t. 43, f. 76). — A. LEVESQUE : « La Couronne était le grand fief. »

défendre et d'assurer le règne de la justice ; les serments solennels du Sacre en font foi. L'hérédité féodale est morte, mais l'hérédité royale, identique à celle-ci de principe et d'essence, lui a survécu. Tout Prétendant, en effet, qui argue de son droit héréditaire, ne fait autre chose que réclamer le domaine ancestral, en vertu du pacte national qui a consacré son droit perpétuel.

Ce droit subsiste malgré les revolutions adverses, et le régime actuel lui-même en a proclamé par des lois d'*exception*, par des lois d'exil, l'existence, l'immanence et l'imprescriptibilité.

Il y a donc quelqu'un qui, de par sa naissance, de par la loi d'hérédité, fondements de son droit, est le Roi, et peu importe, au point de vue du droit, qu'il soit ou non en possession du Royaume : aucune possession de fait ne peut infirmer le droit ; un pouvoir de fait n'est jamais la négation légitime d'un pouvoir de droit.

Vouloir équipoler la qualité de « Roi » à un titre simplement nobiliaire, emportant avec soi les armoiries corrélatives, ne serait exact que sous le rapport des armoiries ; l'équipoler même à une qualification féodale ne serait guère plus exact, puisque le « Roi » existait avant la féodalité.

Prétendre que le titre de « Roi » ne fût, en d'autres temps, *melioribus annis*, que le vocable politique du Chef de l'État, vocable actuellement remplacé par celui de « Président », serait assimiler des contraires et d'une assimilation sans valeur tirer un argument sans consistance. En effet, sous le régime monarchique, à l'instant même où le Roi meurt le Roi naît ;

l'aîné de la race devient de droit et est aussitôt « le Roi », et c'est parce qu'il est avant tout « le Roi » qu'il assume ensuite la Royauté ; tandis qu'en république il faut qu'on soit d'abord élu à la Présidence pour avoir consécutivement le droit de se qualifier Président.

Prétendre qu'il n'y a plus de Maison de France parce qu'il n'y a plus de Royaume de France, serait conférer à la légalité républicaine, originellement issue de la négation violente de la légalité légitime, une faculté outrageusement exorbitante : celle de pouvoir spolier de son nom huit fois séculaire toute famille d'origine féodale, sous prétexte qu'il n'y a plus de domaines féodaux. « Mon nom est France ! » disait Louis XVIII aux Calaisiens en remettant le pied sur le sol de France après un exil d'un quart de siècle. « Mon nom est France ! » peut dire à bon droit aussi un autre royal exilé.

Le nom de France, écrivait M. de Réal en 1767, appartient à tous les Princes de la Maison Royale, « non comme un titre de dignité qui indique la possession d'une couronne, *mais comme un nom propre de famille.* »

Prétendre que le Chef de la Maison de France ne peut user des armes de France parce que ces armes appartiennent *exclusivement* à la France, serait contester injustement et quelque peu puérilement au descendant des Rois une propriété non moins sacrée pour lui que, pour les familles d'origine féodale, la possession de leur blason héréditaire ; ce serait déceler une étrange méconnaissance du caractère primordial des armoiries féodales, originellement et essentiellement

indivises entre le fief et le fieffé ; propriété mutuelle
et réciproque procédant du vieux pacte fondamental
et aussi de cette « accoustumance » qui, suivant un
juriste du xive siècle, est « de l'héritance [1] ».

Dire que les fleurs-de-lis ne sont plus la propriété
du Prétendant parce que la légalité révolutionnaire a
supprimé le domaine royal, serait du même coup contester à d'illustres familles le droit de conserver leurs
armoiries séculaires, et serait fermer les yeux à l'évidence : par exemple, le domaine ducal de La Rochefoucauld a été supprimé, comme aussi les domaines
ducaux de Croy, d'Harcourt, de Noailles, mais les
Maisons ducales de La Rochefoucauld, de Croy, d'Harcourt, de Noailles, n'en subsistent pas moins. Le
« Royaume de France » a été supprimé, mais la Maison de France n'en subsiste pas moins. Et ce dilemme
s'impose à toute personne de bonne foi : Ou Monsieur
le Duc d'Orléans est « le Roi », et alors il a le droit de
porter les armes pleines de France ; ou bien il n'est
qu'un simple particulier, et alors, comme tout gen-
·tilhomme, il a le droit de porter les armes pleines de
sa race, non seulement comme *Dux et Princeps generis*, mais encore parce que, comme dit M. le comte de
Foras, « la maladie de la brisure a cessé d'exercer ses
ravages. »

La France actuelle n'a pas plus le droit d'enlever les
fleurs-de-lis, les armes pleines, à l'aîné de la Maison
de France, — c'est assez de l'avoir privé de sa patrie
et du droit de la servir, — que Louis XIV, dans sa
toute-puissance, n'eût eu le droit de les enlever à la
France.

(1) Bouteiller, *Somme rurale*, tit. 86, p. 500.

4

Il ne serait pas, du reste, sans un côté comique de voir les héritiers politiques de ceux qui, il y a cent et quelques années, grattèrent partout les fleurs-de-lis, prétendre à les posséder exclusivement. L'Histoire a de ces ironies désopilantes, auxquelles, pas plus qu'à d'iniques arrêts de confiscation, ne peut se prêter la gravité de la Justice. Et, dans l'espèce, la confiscation serait particulièrement injuste.

En effet, pour beaucoup de lignages féodaux, il est malaisé de discerner s'ils reçurent de leur fief leur nom et leurs armes, ou bien s'ils les lui apportèrent ; tandis que pour la Maison de France aucun doute n'est possible, comme on verra ci-après : c'est le *signe* même de sa puissance souveraine, antérieur à l'apparition des armoiries de domaine, qni est devenu le *signe* national et, selon l'esprit de la féodalité, s'est incorporé au fief royal [1] de manière à constituer entre la France et le Roi une propriété commune, réciproque, mutuellement inaliénable.

Dire que les armes de France appartiennent à la France n'est donc qu'une demi-vérité puisqu'elles appartiennent parallèlement et antérieurement à la Maison de France. Et, de fait, quiconque, arguant d'un droit plus ou moins sérieux, prétend à la Couronne de France, prétend *ipso facto* aux armes de France : quand les rois d'Angleterre, au mépris de notre loi salique, s'intitulèrent Rois de France, ils usurpèrent simultanément les fleurs-de-lis, et même, après leur expulsion du royaume les gardèrent, dans leur écu,

(1) Les armoiries des Maisons souveraines devinrent le symbole de l'Etat. » (L. Germain de Maidy, *Prétendues arm. de l'égl. de Bon-Secours*).

à titre d'armes de prétention. A la mort de Henri III, les divers Prétendants s'attribuèrent l'écu de France.

Tant que subsiste un seul représentant du droit traditionnel, la Maison de France subsiste, et avec elle son droit de co-propriété des armes de France ; elles sont pour l'aîné de la race royale, *dux et princeps generis*, un bien personnel et héréditaire, comme elles le seront pour tous ses successeurs Rois de France ; et si, ce qu'à Dieu ne plaise, la Maison de France venait à défaillir dans les mâles, que le Trône fût vacant, et que la Nation, usant alors de son droit incontestable, renouvelât le pacte monarchique avec une autre dynastie, il n'est pas douteux que le Chef de la nouvelle race serait de plein droit investi des armes de France, qui deviendraient, comme auparavant, communes au Roi et au Royaume. Supposons que les destins eussent donné raison à Henri IV, lorsqu'il disait, en montrant le jeune Montmorency :

— Si la Maison de France venait à manquer, c'est là qu'il vous faudrait prendre le Roi.

Pense-t-on que le duc de Montmorency eût conservé son blason familial, si glorieux qu'il fût ? Il l'eût aussitôt délaissé pour s'approprier le signe national de la puissance royale, l'écu d'azur à trois fleurs-de-lis d'or. De nos temps mêmes, c'est ce que, fidèle à la vieille coutume, a fait la Maison de Goyon-Matignon : elle a délaissé ses armes de famille pour prendre celles de son domaine princier, lorsqu'elle a recueilli la succession de la Maison de Grimaldi-Monaco.

Je termine ce chapitre en répétant avec Du Cange : « Les armes d'un Royaume n'appartiennent qu'à « celluy qui est Roy, et nuls, quoyqu'issus de mesme

« Maison que les Roys, ne les peuvent porter sans
« quelque différence. » Monsieur le Duc de Madrid
déviait donc de la règle héraldique, lorsqu'il écrivait
à Monsieur le Comte de Paris : « Moi seul, et par
« moi encore, mon fils et mon frère, nous avons le
« droit de porter, sur l'écusson royal, d'azur à trois
« fleurs-de-lys d'or, sans brisure. » De même, D. Francisco de Bourbon, lorsqu'il écrivait à Philippe VII :
« Moi, mes enfants et mon frère avons seuls le
« droit de porter les fleurs-de-lys de France sans
« brisure. » Non, *un seul* a ce droit, et c'est « celluy
« qui est Roy ». Et même, jusqu'au XIIIᵉ siècle,
seul de tous les Princes du Sang, l'héritier de la Couronne avait le droit de porter les fleurs-de-lis avec
brisure ; les autres portaient leur blason d'apanage :

« Geliot (*Indice armorial*) dit que, depuis Charle-
« magne jusques à Philippe le Conquérant, il n'y a
« eu aucun fils ni frère du Roy, *sinon l'aîné*, qui ait
« porté les fleurs-de-lis : ce qui est tiré des écritures
« du roy Louis XI, produites au procès contre Marie
« de Bourgogne, touchant le duché de Bourgogne...
« Les puisnés des Roys prennent le surnom de France
« avec les fleurs-de-lis depuis saint Louis, qui le pre-
« mier le permit avec brisure, dit la Chronique de
« Berri. Néanmoins le surnom de France n'est pas
« continué aux enfans des puisnés de la Maison
« Royale, qui prennent celui du principal Titre de
« l'apanage [1]. »

Puisque les armes pleines de France n'appartiennent qu'à « celluy qui est Roy », nous avons donc à
préciser qui est celui-là ; mais occupons-nous d'abord

(1) G.-A DE LA ROQUE, *Traité du Blason*, ch. IX.

des *Fleurs-de-lis*, afin de justifier ce que nous avons dit de leur origine non nationale, mais purement royale.

V. — LES FLEURS-DE-LIS. — Dans sa Protestation datée de Venise le 23 mai 1892, et adressée au Comte de Paris, le Duc de Madrid s'exprimait ainsi :

« La France a emprunté les fleurs de lys aux aînés de « notre famille, aux descendants de Hugues Capet. »

« Rien, — a déjà répondu M. Jean Régnier, — n'autorise à déclarer que la France a emprunté les fleurs-de-lis aux aînés des Capétiens. »

En effet, bien avant l'avènement du premier des Capétiens, la fleur-de-lis était le *signe* de la Royauté, qui certainement dès les premiers temps de la Monarchie, l'avait empruntée des empereurs byzantins. La vénérable antiquité de ce signe de la puissance souveraine était telle que les chroniques du bon vieux temps, ne sachant où puiser ses origines, les demandèrent à de pieuses et patriotiques légendes.

Jadis, au cloître de l'abbaye de Moissac, qui se disait avoir été fondée en l'an 506 par le roi Clovis, se

voyait son image avec cette inscription : « Dieu, par
son ange de paradis a transmis ses armes au roy
Clovis [1]. » C'était une allusion à la légende de l'abbaye de Joyenval, en laquelle un ange ou un saint
ermite aurait apporté les fleurs-de-lis au vainqueur
de Tolbiac. Gaguin et Geliot notent que ce fut Clovis
qui prit les *lis d'or*, « descendus de l'*azur* du ciel » ;
et la pieuse légende avait certainement cours dès le
IXe siècle, car, au frontispice de l'Evangile selon saint
Jean, dans un évangéliaire écrit et enluminé vers l'an
875, se voient, en la miniature supérieure, deux personnages autour duquel pleuvent des fleurs-de-lis
rouges, et, dans la miniature inférieure, Jésus-Christ
montrant à un personnage royal des fleurons trilobés
de même couleur, qui semblent pleuvoir du ciel [2].

Le docte Jehan Charlier (Gerson), chanoine de Paris, mort en 1429, rapporte que ce fut saint Denis qui
fit don de la fleur-de-lis aux chefs Francs. Selon
d'autres vieux auteurs, ce serait Charlemagne qui
l'aurait reçue d'un ange, et c'est à quoi sans doute
alludent les miniatures de l'Evangéliaire précité.
Ailleurs nous lisons : « L'alliance entre la France et
« l'Écosse, signifiée par la double bordure de fleurs-
« de-lys qui est allentour du lyon en l'escu des armes
« du roy d'Escosse, fut contractée entre Charlemagne
« et Achayus l'an 789 [3]. » Bonne vieille légende aussi,
que la critique moderne a réduite en poussière [4].

Qu'est-ce donc que ce mystérieux fleuron trilobé,

(2) *Arch.* de Tarn-et-Garonne, G 356 ; extr. d'environ 1485.
(2) Staatsbibliothek de Munich, *Codex purpureus.*
(3) CLAIRAMBAULT, t. 818, p. 5.
(4) *Revue Nobiliaire*, t. I, p. 44.

quelle est son origine, quel est son symbole ? A qui devons-nous réellement ces fleurs augustes qui, selon saint Bernard [1], ont l'odeur de l'espérance, *flos habens odorem spei,* qui « ont orné et qui orneront à jamais l'écu de France [2] », si intimement unies à la Nation très chrétienne que « nous ne pourrions cesser de les vénérer sans cesser d'être Français [3] » ?

« Les armoiries de France..., les *fers de lance* que nous appelons aujourd'hui fleurs-de-lys, » dit Sainte-Palaye. Est-ce plutôt la *francisque,* arme nationale des Francs, qui avec son fer de pique entre deux fers recourbés ressemble singulièrement à l'ancienne fleur-de-lis héraldique ? Ou le crapaud, ou l'abeille, ou une sorte de croix ou l'iris jaune, ou le martagon rouge, le lis de Chalcédoine, ou l'emblème mystique de la S. Vierge ? Ou, comme veut Foncemagne, un ornement purement arbitraire et commun à tous les souverains ? Ou la fleur sacrée du lotus, ou tout simplement une vraie fleur de lis de jardin ? Quant à la théorie du trident de Neptune, et surtout à celle de la « patte de coq » (gallus), qui m'a été attribuée par je ne sais quel fantaisiste, je renvoie le lecteur aux *Preuves* (num. 10).

Les origines de ce que nous appelons la fleur-de-lis se perdent dans la nuit des âges, dans les mystères sacrés du vieil Orient. Le fleuron trilobé se rencontre sur les monuments de l'ancienne Égypte comme symbole mystique de puissance sans fin, d'éternelle fécondité, « comme symbole ou attribut de Dieu et

(1) *Fer. 70, super Cant. Cantic.*
(2) G. A. DE LA ROQUE, *Traité du Blason,* ch. **XVI.**
(3) BONNESERRE DE SAINT-DENIS, *Rev. Nob.,* **l,** 41.

des souverains, comme ornement du bandeau royal,
au front des statues et des sphinx, comme sçeptre
dans leurs mains[1]. » Des personnages hiératiques,
plusieurs siècles avant l'ère chrétienne, portent
sur le sommet de leurs diadèmes la fleur-de-lis,[2]
comme plus tard les Fils de France. Les successeurs de Constantin, en contact direct avec les
peuples orientaux, estimèrent de bonne politique de
s'attribuer cet emblème révéré ; peut-être même, avant
eux, des empereurs romains l'avaient-ils adopté[3].
L'impératrice Placidie le porte au front de son dia-
dème. La couronne de l'impératrice Théodora, femme
de Justinien, dans la fameuse mosaïque de Saint-Vital
de Ravenne, est ornée de trois fleurons trilobés[4]. De
l'an 610 à 820, sur les monnaies byzantines, des têtes
impériales sont coiffées de casques cimés d'une fleur-
de-lis[5]. Les empereurs d'occident et les rois de France
adoptent à leur tour ce symbole d'autorité souveraine
et de puissance sans fin.

« La fleur-de-lis, dit M. Bonneserre de Saint-
« Denis[6], n'apparut jamais, ni comme emblème, ni
« comme attribut, ni *comme pièce héraldique*, chez
« nos Rois de la première et de la seconde races ; nous
« ajouterons même que, parmi les successeurs de
« Hugues Capet, il faut franchir plusieurs générations
« pour la rencontrer. »

(1) AD. DE BEAUMONT, *Rech. sur l'orig. du blason et en partic. de la fleur-de-lis.*
(2) E. SOLDI, *La sculpture Egyptienne.*
(3) J. TRISTAN, sgr d'Authon : *Traicté du lis*, 1656, p. 1, planche.
(4) QUICHERAT, *Hist. du costume en France*, p. 92.
(5) DE SAULCY, *Essai de classific. des suites monétaires byzantines*, ad ann. 610, 641, 685, 820.
(6) *Revue Nobiliaire*, t. I, p. 205.

Comment, sous ces deux races, pourrait-on décou-
vrir une *pièce héraldique*, puisque les *armoiries* féodales n'existaient pas encore ? L'affirmation de M. de
Saint-Denis est contredite en ces termes par le vicomte
de Vaublanc [1] :

« Dès les premiers temps de la Monarchie fran-
« çaise, les insignes de la Royauté présentaient un
« ornement assez analogue à la figure héraldique du
« lis. M. Rey a donné dans son intéressant ouvrage
« (*Des enseignes et couleurs de la Monarchie*, pl. XIV,
« p. 310) une nomenclature de 33 sceaux ornés de lis,
« depuis 1131 jusqu'à 1230. »

« Assez analogue », soit, mais certainement c'était
ce que nous nommons *fleur-de-lis :* comme mainte
autre pièce héraldique, elle s'est plus ou moins mo-
difiée à travers les siècles ; c'est déjà beaucoup
qu'entre le fleuron primitif et la *fleur-de-lis* il y ait
une évidente analogie ; comparez, par exemple, la
moucheture d'hermine à son point de départ et à sa
forme actuelle : ses transformations successives l'ont
défigurée au point de détruire tout vestige d'analogie [2].

« La fleur de Lys, dit M. Jean Grellet [3], a existé
comme emblème royal longtemps avant la naissance
du système héraldique. Les Rois de France ont pris
pour armoiries la fleur qui figurait sur leur sceptre et
leur couronne. »

Il n'est pas contestable que « dès les premiers temps

(1) *La France au temps des Croisades*, t. 2, p. 253.
(2) S. DE LA NICOLLIÈRE-TEIJEIRO, *L'hermine*, 1894, in-8.
(3) *La Fleur de lys*, ap. *Archives hérald. de Suisse*, mars 1896.

de la Monarchie Française » le fleuron trilobé figurait parmi les insignes et probablement comme le signe de la Royauté. Larousse, déjà nommé, cite un
manuscrit du ıx⁰ siècle, à la Bibliothèque de Reims,
où se voient « deux figures absolument semblables à
« nos fleurs-de-lis actuelles ; cependant, à l'époque où
« fut composé ce manuscrit, le blason n'existait pas,
« et les Rois de France n'avaient point encore pris la
« fleur-de-lis pour emblême. » — Point encore ?...
C'est ce que nous allons examiner.

Laissons le tombeau de Frédégonde, où apparaissent des fleurs-de-lis, parce qu'il fut restauré au
xıv⁰ siècle ; celui du roi Sigebert, fils de Clotaire Iᵉʳ, à
Saint-Médard de Soissons ¹, parce que sa couronne
fleurdelisée peut également provenir d'une restauration ; le denier du bon roi Dagobert, parce que la
figure qui meuble l'avers n'est peut-être qu'une
francisque, encore que l'analogie soit flagrante. Né-
gligeons l'assertion de Genebrard et de Henninge ²
« qu'Eudes, comte d'Anjou, porta premièrement ses
armes semées de fleurs de lys, que les Roys de France
ses successeurs ont conservées longtemps ». Mais voici
le sceau de Chilpéric II (715-720), où son sceptre est
sommé d'un fleuron triple ³ ; en 721, le sceau de
Thierry II, le front ceint d'une couronne à trois fleurons, entre deux fleurs-de-lis, et son sceptre se termine par ce même fleuron ; en 1733, le sceau de
Childéric III, le dernier des Mérovingiens, dont la

(1) B. N., *Collection de Bourgogne*, t. 73, fol. 182.
(2) Cités par G. A. de la Roque, *Traité du Blason*, ch. VII
(3) Guérard, *Cartul. de S. Bertin*, p. 42.

couronne est fleurdelisée [1] ; les sceptres de Carloman
et de Pépin, sommés d'une fleur-de-lis [2]; en 769, le sceau
de Charlemagne, portant une couronne à trois fleurs
de-lis [3] ; en 780, l'évangéliaire de Godescalc, écrit spécialement pour Charlemagne et dont les bordures sont
ornées de fleurons trilobés [4], comme aussi le fameux
évangéliaire donné par ce Prince à l'abbaye de Saint-
Riquier, et qui est à présent le joyau de la Bibliothèque d'Abbeville ; en 820, le sceau de Louis le Débonnaire, avec une couronne fleurdelisée, dans un qua-
drilobe de fleurs de lis [5].

« Les fleurs-de-lys, dit M. de Courcelles [6], étaient
« déjà employées pour ornement de la couronne des
« Rois de France, du temps de la seconde Race... On
« trouve plusieurs portraits de Charles le Chauve,
« dans les livres écrits de son vivant, avec de vrayes
« *fleurs de lys* à sa couronne ; quelques-uns de ces
« manuscrits se gardent dans la Bibliothèque du Roy,
« et l'on peut voir les figures dans le second tome
« des *Capitulaires* de M. Baluze. »

Dans le livre de prières du même monarque (B. N.,
ms. latin 1152), il est figuré le front ceint d'une
couronne fleurdelisée et tenant un sceptre sommé
d'une fleur-de-lis ; des fleurs-de-lis ornent aussi les
angles du dossier de son trône [7]. Son Évangéliaire, de
l'an 870, le *Codex aureus* de la Staatsbibliothek de

(1) *Ibid.*, p. 44, 47, 52.
(2) J. Tristan, *Traicté du Lis*, p. 32-33.
(3) *Cartul. de S. Bertin*, p. 59.
(4) Demay, *Le costume au m.-âge d'après les sceaux*, p. 198.
(5) *Cartul. de S. Bertin*, p. 77.
(6) *Dict. univ. de la Nobl. de France*, t. 3, p. 212.
(7) Cf. Demay, *op. cit.*, p. 197 et 198.

Munich (fol. 6 v.), le montre sur son trône, le front ceint d'une couronne fermée à trois fleur-de-lis. C'est exactement la même couronne que Jésus-Christ pose sur la tête de Henri II, dans l'Évangéliaire de cet empereur (même bibliothèque, fol. 11 r.), et que porte Charles le Chauve dans son sceau [1]. Celui du roi Rodolphe, en 925, le montre avec une couronne non fermée, à trois fleurs-de-lis [2]. La couronne fermée et le sceptre d'un roi du xe siècle sont fleurdelisés [3]. La Chronique d'Adhémar (v. 1025) représente Louis le Débonnaire dans son palais, dont le fronton est sommé d'une fleur de lis [4].

Il eet donc impossible de ne pas reconnaître l'existence de ce qui devait être appelé *fleur de lis*, comme attribut et signe de la puissance souveraine dans nos deux premières races. C'est ainsi qu'en devenant roi de France Hugues Capet s'attribua ce signe de majesté; son sceau le montre avec une couronne fleurdelisée [5], et ses descendants n'ont pas inauguré la fleur-de-lis, mais n'ont fait que suivre l'exemple de leur auteur.

Dans une miniature d'un évangéliaire [6] de l'an 1014, on voit que la fleur-de-lis était le signe de prééminence, et probablement de naissance royale : les princes grands feudataires, apportant au Roi leurs tributs annuels, ont tous pour coiffure un bonnet sommé d'une fleur-de-lis. Elle orne, dans un sceau de 1069,

(1) *Cartul. de S. Berlin*, p. 119-125.
(2) B. N., *Collection de Bourgogne*, t. 31, fol. 97.
(3) CH. LOUANDRE, *Les arts somptuaires*, t. I. — QUICHERAT, p. 138.
(4) Cité par M. Jean Grellet, *La Fleur de lys*.
(5) *Nouv. traité de diplom.*, IV, 125. — VAUBLANC, I, 44.
(6) Staatsbibliothek de Munich, cod. lat. 4452.

la couronne du roi Philippe Ier ; dans des sceaux de 1113 et 1146, la couronne et le sceptre de Louis VI et de Louis VII [1]. En 1126, l'agrafe du manteau de Lothaire II est une fleur-de-lis [2].

Nos Rois ne l'ont donc pas reçue de la France, ils la possédaient héréditairement avant elle, ils en furent initialement les seuls propriétaires, et ce sont eux qui la communiquèrent à la France. Au moyen-âge, ses Princes sont communément appelés « les Princes des Fleurs de lys », et elles désignent spécialement le Roi de « Franche, le nobile pays » :

Philippe de Valois qui porte fleurs de lis [3].

A partir de la féodalité et de l'instauration des *armes* de domaine, la fleur-de-lis devient l'emblème patronymique et distinctif de la Monarchie Française, tandis que l'Empire adopte définitivement l'aigle — et le signe national de la Royauté devient à perpétuité le signe royal de la Nation. Il est donc parfaitement inexact de dire comme Larousse, deux fois nommé, que la fleur-de-lis fut « l'emblème héraldique de la *France Bourbonnienne* » ; cet emblème n'appartient réellement à la Maison de Bourbon qu'à la condition d'être la Maison de France ; les ducs de Bourbon portaient *d'azur semé de fleurs-de-lis d'or, au bâton de gueules brochant en bande sur le tout*. Bien que depuis trois siècles (1589), le nom de Bourbon soit

(1) B. N., *Archives de S.-Vincent de Senlis*, ms. latin 9976, fol. 3 v., 4 v., 12 et 14 r.
(2) *Coll. de Bourgogne*, t. 73, fol. 183. — *Voyages litt.* de D. Martenne, II, 36.
(3) *Le Vœu du héron*, ap. Sainte-Palaye, III, 121, 123.

identifié à celui de France et que les armes de France
personnifient la maison Royale de Bourbon, ce n'est
pas elle qui a donné son blason à la Couronne, mais
c'est de la Couronne qu'elle a reçu l'écu royal et national *d'azur à trois fleurs-de-lis d'or.*

A l'origine, il était semé *de France*, c'est-à-dire de
fleurs-de-lis d'or ; l'époque et le motif de leur réduction au nombre de trois sont controversés. On peut
en fixer l'époque, non au xive siècle, comme ont fait
tous les héraldistes, mais vers le milieu et peut-être
même au début du xiiie : dans son sceau équestre, en
1271, Pierre, Comte d'Alençon, porte un écu à *trois
fleurs-de-lis, 2 et 1,* brisé d'une bordure, tandis que sa
cotte d'armes est semée de France, à la bordure [1]. En
1285, le contre-sceau de Philippe, Régent du royaume,
présente *un écu à 3 fleurs de lis* [2]. Dès le début du
xiiie siècle, en 1209, Hugues de Fontenelles porte de
même [3] ; et aussi, en 1211, Acelin ou Ancelin de
Méry, chevalier [4] ; de même, en 1220, le sceau équestre et le contre-sceau de Philippe de Nanteuil, issu
des Comtes de Vexin, ainsi que le sceau de Renaud de
Béthizy ; de 1261 à 1284, ceux d'Arnoul de Visemale
et d'Humbert-Gui, seigneur de Brilhac, chevaliers, et
de Guillaume de la Faurie [5]. « Laissiés passer les
preus ! [6] »

A partir du xive siècle, les écus à 3 fleurs-de-lis,

(1) Cf. DEMAY, *op. cit.*, p. 117.
(2) DOUËT-D'ARCQ, *Sceaux des Arch. nat.*, n. 46.
(3) ID. *ibid*,, n. 2213.
(4) Ibid., n. 2801. — D. VILLEVIEILLE, *Trésor*, t. 58, f. 27 v.
(5) DOUËT-D'ARCQ, *Sceaux des A. N.*, n. 3036, 7629, 1418, 683,
9875, 1572,, 2125.
(6) *Le Vœu du héron*, ap. Sainte-Palaye, III, 122.

avec ou sans brisure, se multiplient de plus en plus [1] ;
en les réduisant à ce nombre, la Noblesse se modelait
évidemment sur la maison Royale. Cependant, même
chez celle-ci, jusque vers la fin du dit siècle, le semé subsiste parallèlement et conjointement à la réduction [2],
innovation dont la cause n'a pas été sans dérouter
quelque peu la sagacité même des plus experts.

Dans l'Histoire du roi Charles VI attribuée à Be-
noît Gencien, il est dit que les trois lis sont le symbole
de la foi, de la science et de la chevalerie, *tria lilia,
fidei, sapientiæ et militiæ simulacrum* ; explication
empruntée de Guillaume de Nangis, contemporain de
saint Louis : « Le Roi de France a la fleur-de-lis peinte
« à 3 feuilles pour exprimer que la foi, la science et
« l'honneur de chevalerie se trouvent davantage dans
« notre royaume que dans les autres [3]. » Les fleurs-de-
lis ont été réduites à trois pour personnifier, selon
Jean Gerson, les trois Etats du royaume ; selon
Janus Cecil Frey, les trois Races royales, et selon
G.-A. de la Roque, la T. S. Trinité ; symbolisme pieux
de l'écu royal heureusement rendu par M. le comte
Lafond, dans son *Poème de Rome :*

> Son champ *d'azur* du ciel rappelle la beauté,
> Et dans ses *trois lys d'or* fleurit la Trinité.

Tout cela est infiniment plus plausible que l'explication, un peu puérile, émise par Sainte-Palaye [4] :
« L'impossibilité d'en faire tenir plus de trois dans le

(1) Voy. aux *Preuves*, num. 11.
(2) *Preuves*, num. 1.
(3) Collection Guizot, G. DE NANGIS, XIII, 144.
(4) *Mém. sur l'ancienne Chevalerie*, I, 294.

petit sceau, ou sceau secret, fut la raison qui déter-
mina depuis à les réduire à ce nombre ». Impossibilité tout à fait chimérique, puisque l'on rencontre de
très nombreux sceaux, de dimension minime, dont les
écus portent un semé ; en 1376, *le sceau* de Charles V
présente un écu à 3 fleurs-de-lis, tandis que c'est l'écu
de son *contre-sceau* qui en est semé [1]. Chassanée ap-
proche de la vérité lorsqu'il dit que « le nombre III
est le nombre des nombres, parce qu'il contient le
commencement, le milieu et la fin », autant dire le
passé, le présent et l'avenir. Ce qui est vrai, c'est que
le semé héraldique équivalant au nombre infini, et le
nombre trois symbolisant ce même infini, peu impor-
tait de semer de fleur-de-lis ou de les réduire à trois,
puisque les deux formes étaient héraldiquement syno-
nymes. C'est ce qui explique pourquoi, dans le même
temps et le même lieu, on rencontre l'écu royal in-
différemment chargé de fleurs-de-lis sans nombre ou
réduites à trois.

« Le blason de la France, les fleurs-de-lis, dit
Baron [2], sont le meuble le plus illustre qui se rencontre dans les blasons des Français. » Aussi ces blasons sont-ils infiniment nombreux, en raison du
grand nombre des concessions royales[3], destinées à ré-

(1) Douët-d'Arcq, *Sceaux des A. N.*, n. 64.
(2) Cité par Larousse, au mot *Fleur-de-lis.*
(3) En 1465, Louis XI permet à Polycarpe de Reyniac d'ajouter en
ses armoiries un franc-quartier d'azur à la fleur-de-lis d'or, « pour
avoir vaillamment combattu près sa personne en la bataille de
Montlhéry ». (*Pièces orig.*, doss. 18466, fol. 7-15.) En 1502.
« Louis XII concède de porter fleurs de lys en ses armes à son secrétaire Estienne Petit, fils de feu noble Estienne , *qui labores
immensos, vigilias perpetuas pro reipublicæ salute subierunt.* »
(Clairambault, t. 1052, p. 41.)

compenser la valeur, le dévouement, la fidélité ;
c'était la croix de Saint-Louis, la croix d'honneur des
vieux temps : le Roi décorait les armoiries des preux
ou des cités, comme de notre temps on a décoré des
drapeaux et des villes [1]. Notons que pour recevoir cet
insigne honneur, il fallait être Français, ou tout au
moins régnicole : le 22 décembre 1646, le Roi donna
« permission à Pierre Serantony, gentilhomme luc-
« quois, et à sa postérité », en considération de ses
loyaux services, « de mettre des fleurs de lys d'or en
« champ d'azur dans le blazon de ses armes, en tel
« lieu du dit écusson et tel nombre qui seront réglés par
« le premier hérault, *avec dispense de résidence* [2]. »

L'honneur de porter des fleurs-de-lis en ses armes
était trop grand pour ne pas induire à les usurper, et
cela dut être de tout temps. Boursault flagelle « les
blasonneurs » qui

Donnent des fleurs-de-lis à qui veut les payer.

Les vaillants qui étaient faits chevaliers de la main
du Roi timbraient leur heaume de la couronne fleurdelisée des Fils de France, et souvent fleurdelisaient
leur blason, en mémoire d'un si glorieux honneur ;
car le sacre chevaleresque créait entre le collateur et
le bénéficiaire mieux qu'une fraternité d'armes : une
paternité de chevalerie, une véritable adoption [3] ; le
nouveau chevalier se trouvait agrégé à la famille de
celui qui l'élevait à l'honneur de chevalerie ; de là,
pour les chevaliers royaux, le droit aux fleurs-de lis

(1) Notamment Roanne et Châteaudun.
(2) Arch. nationales, PP. 146b, fol. 6.
(3) Cf. Sainte-Palaye, I, 229 et 272-275.

5

royales sur leur heaume et même dans leur écu. Dans une miniature du XIIIe siècle [1], représentant une bataille, tous les chevaliers ont le heaume timbré d'une couronne à trois fleurs-de-lis.

Elles personnifiaient non seulement la Maison de France, mais aussi la nationalité française : deux Papes *français*, Urbain IV (1261-64) et Clément IV (1265-68) les mirent dans leurs armoiries ; Yves *le Franc*, descendant d'un héros de la première croisade, chargeait en 1239 son écu d'une croix *fleurdelisée*. Les lis d'or étaient « le signe allégorique de la Nation Française aussi bien que de la Royauté [2] », signe indivis entre elles. Bullet [3], qui trouvait à tous les mots des racines celtiques, veut que *fleur de lys* signifie « fleur de Roy », parce que dans cette langue roi se dit *ly*. Il est curieux de constater dans le vieux poème du *Vœu du héron* qu'Edouard III, roi d'Angleterre, prétendant à la Couronne de France, était appelé par ses courtisans « Loeys » :

Edouard, Loeys l'apelent si voisin.

Et Sainte-Palaye [4] explique que ce surnom de « Loeys » signifiait « Roi de France » ; ce qui, sans contredire Bullet, étaierait le sentiment de ceux qui rattachent le nom français de la fleur-de-lis à celui de notre roi Louis VII, *flor de Loïs* ; mais c'est incontestablement la rajeunir de beaucoup que dire, comme

---

(1) Roman de *Guill. d'Orléans*, par R. de Montfort. Staatsbibliothek de Munich, cod. german. 63, fol. 86 v.

(2) *Diplomatique*, t. IV. — Vaublanc, II, 255.

(3) Cité par M. ADALBERT DE BEAUMONT.

(4) *Mém. sur l'anc. chevalerie*, III, 120.

le P. Ménestrier, que c'est seulement depuis ce Prince qu'elle est « le symbole du domaine royal ». Jean Tristan, seigneur d'Authon, dans son curieux livre publié en 1656, dont voici le titre rétablit, la vérité historique :

« Traité du Lis, symbole divin de l'espérance, con-
« tenant la juste defense de sa gloire, dignité et pré-
« rogative, ensemble les preuves que nos Monarques
« français l'ont toujours pris pour leur devise en
« leurs couronne, sceptres et vestemens royaux, en
« leurs escus et estendards jusques à présent. »

C'est aussi l'opinion émise et brillamment soutenue par notre docte collègue M. le baron Tristan Lambert [1], et certes c'était celle aussi de ce loyal Français du xve siècle qui, sur le linteau de sa fenêtre, à Royat [2], avait fait graver une fleur-de-lis au dessus de cette inscription :

VIVE LE FLOR DV ROY

M. Jean Régnier s'est posé cette question : « Les fleurs-de-lis sont-elles les Armes de France ou celles de nos rois ? » Et il la résout en faveur de la France. La question peut se poser dans la France déroyalisée ; jadis elle n'eût pas été comprise, ou du moins l'eût-on considérée comme un pléonasme : car le Roi incarnait la France, et la France n'avait d'autres armes que celles du Roi, qui les partageait avec elle. « Le flor du Roy » était, comme disait Jehan Dorat, il y a plus de trois siècles, dans son *Chant de joye à Nostre Dame*

(1) *Armes de France* ; dans la *Défense de Seine-et-Marne*, 13 juillet 1892.
(2) Cette pierre est à présent dans l'établissement thermal.

de Liesse, « la fleur franciale » ; la même pensée se retrouve dans ce vers de Janus Cecil Frey, célébrant
l'heureuse pérennité de la France royale :

Gallia... trino flore perenne viret.

Et c'était aussi le sentiment de nos Rois, qui avaient
fait de leur signe auguste le blason de la patrie.
Charles V le proclame dans une charte du mois de
février 1376, portant fondation par lui du monastère
de la Trinité de l'Ordre de saint Pierre Célestin, près
de Mantes : « *Lilia quidem signum regni Franciæ* [1]... »
Notons, en passant, que c'est cette charte qui a pu
donner lieu à l'opinion que Charles V, en l'honneur de
la S. Trinité, voulut réduire à trois les fleurs-de-lis de
l'écu de France. Nous savons ce qu'il en faut penser.

En résumé, elles ont été sous les trois Races royales
le signe de la souveraineté française ; les armoiries de
la Royauté se sont incorporées à son domaine [2], et
constituent entre elle et lui un bien mutuel, incom-
mutable, à perpétuité indivis.

Pour posséder de droit et pleinement ce bien mutuel, il faut être ou la France ou le Roi de France.
Nul étranger n'y peut donc valablement prétendre ;
pour pouvoir revendiquer légitimement les Armes de
France, la condition *sine quâ non* est d'être Français ;
car il tombe sous le sens qu'un étranger ne peut pas
être le Chef de la Maison de France, « celluy qui est
Roy ». On peut être le chef masculin de la branche

(1) G. A. DE LA ROQUE, *Traité du blason*, ch. XVI.
(2) Comte A. de Foras : « Très souvent, les armoiries de domaine se confondent avec les armoiries des Princes qui possèdent
ces domaines. »

aînée d'une Maison souveraine sans être le moindre-
ment pour cela le chef de sa branche régnante : le
Crand-Duc de Luxembourg est le chef masculin de la
Maison de Nassau, et il ne règne pas sur les Pays-
Bas ; le pieux Cardinal Bonaparte était l'aîné de sa
race, et ne prétendait pas au trône impérial ; le chef
de la Maison de Hohenzollern n'est pas roi de Prusse
et empereur allemand.

> J'ay deffendu et deffendray d'offense
> Ma noble fleur et mes fleurons de France,

disait il y a quatre siècles Pierre Sala. L'usurpation est
une offense, non seulement à la sainteté du Droit,
mais à la dignité de la Nation qui en est victime. « En
fait, dit M. J. Régnier, on peut affirmer que les fleurs-
de-lis, étant les Armes de France, appartiennent de
droit au Chef de la Maison de France. »

Donc, encore une fois, il nous faut préciser lequel
des Bourbons est « celluy qui est Roy »

VI. — QUI EST LE CHEF DE LA MAISON DE
FRANCE. — Le 2 octobre 1700, Charles II, roi d'Es-

pagne, sentant venir sa fin et n'ayant pas d'enfants, fit un testament par lequel il appelait à lui succéder son petit-neveu Philippe de France. Duc d'Anjou, 2e petit-fils de Louis XIV et de l'Infante Marie-Thérèse, né le 19 décembre 1683, et, au défaut de ce Prince et de descendants de lui, son frère le Duc de Berry. Ce testament, disons-le, ne créa pas le droit des Bourbons au trône des Espagnes et des Indes, mais il leur en facilita l'accession. Leur droit, en effet, était au-dessus de toute contestation, comme représentant celui de la dite Marie-Thérèse, sœur aînée de Charles II, morte en 1683.

Incidemment, à titre de curiosité, je note que dès 1699 le jeune Duc d'Anjou semblait destiné, dans l'opinion publique, à quelque glorieux trône ; ce qu'indiquent ces vers mis au bas de son portrait gravé à cette date par E. Desrochers :

Qu'à d'autres la naissance obtienne une Couronne :
Par mille exploits fameux un royaume conquis
Est celuy que j'ambitionne,
Et quelque beau que soit le haut Trosne des Lis,
Un *septre* que la Vertu donne
Est à mes yeux d'un plus grand prix.

Le 2 novembre 1700, un mois après avoir testé, Charles II s'éteignit. Comme dans l'acte suprême de ses volontés il avait omis de mentionner les droits de l'Infante Anne, épouse de Louis XIII, mère de Louis XIV, aïeule du Duc d'Orléans, ce Prince protesta contre un silence qui semblait méconnaître son droit éventuel à la couronne d'Espagne, et la réponse écrite de Louis XIV à la Junte Espagnole, en date du 12 novembre 1700, rappela, en même temps que les droits de la feue

Reine son épouse, « ceux de la feue Reine nostre très honorée Dame et Mère ». Le 16, Louis XIV déclara publiquement Roi d'Espagne son petit-fils le Duc d'Anjou, qui fut proclamé solennellement à Madrid le 24, et partit le 4 décembre pour aller prendre possession de la couronne, après que, par des lettres patentes dont suit extrait, son auguste aïeul eut déclaré que Philippe V, malgré sa qualité nouvelle et sa non-résidence en France, y conserverait néanmoins tous les droits qu'il tenait de sa naissance :

« ... En mesme tems que nous acceptons le testa-
« ment du feu Roy d'Espagne ; que nostre très cher
« et très amé fils le Dauphin renonce à ses droits lé-
« gitimes sur cette Couronne en faveur de son second
« fils le Duc d'Anjou, nostre très cher et très amé pe-
« tit-fils, institué par le feu Roy d'Espagne son héri-
« tier universel ; que ce Prince, connu présentement
« sous le nom de Philippe cinqᵉ, Roy d'Espagne, est
« prest d'entrer dans son Royaume et de répondre
« aux vœux empressés de ses nouveaux sujets ; ce
« grand événement ne nous empesche pas de porter
« nos veües au de là du tems present... Nous croi-
« rions... luy faire une injustice, dont nous sommes
« incapable, et causer un préjudice irréparable à nos-
« tre Royaume, si nous regardions désormais comme
« étranger un Prince que nous accordons aux de-
« mandes unanimes de la Nation Espagnole. Pour ces
« causes,... voulons et Nous plaist que nostre très cher
« et très amé Petit-Fils le Roy d'Espagne conserve
« toujours les droits de sa naissance, *de la même ma-*
« *nière que s'il faisoit sa résidence actuelle dans nostre*
« *Royaume.* »

Si le Duc de Bourgogne, petit-fils aîné de Louis XIV, vient « à mourir sans enfans masles ou que ceux qu'il
« auroit décèdent avant luy, ou bien que les dits en-
« fans masles ne laissent après eux aucuns enfans

« masles en légitime mariage, en ce cas [que] nostre
« dit petit-fils le Roy d'Espagne, usant des droits de
« sa naissance, soit le vray et légitime successeur de
« nostre Couronne et de nos Estats, *nonobstant qu'il*
« *fût alors absent et resident hors de nostre Royaume,*
« et immédiatement après son deceds, ses hoirs masles
« procréés en légitime mariage viendront à lad. suc-
« cession, nonobstant qu'ils soient nez et qu'ils habi-
« tent hors de nostre dit Royaume...... Entendons...
« que tous droits... qui leur pourroient apresent et
« al'avenir compéter et appartenir, soient et demeu-
« rent conservés sains et entiers comme s'ils rési-
« doient et habitoient continuellement dans nostre
« Royaume jusques à leur trépas, et que leurs
« hoirs fussent *originaires et regnicoles* [1]... »

Il conste de ces lettres du grand Roi que pour être
apte à succéder à la Couronne de France, un Prince
du Sang, même héritier du Trône par droit de primogéniture, devait être né et résidant en France.

« Il était tellement indispensable pour monter sur
« le trône de France, d'être non seulement Français,
« mais encore régnicole, et les Princes perdaient telle-
« ment ces qualités en allant régner sur des nations
« étrangères, même à titre purement électif et viager,
« que les Rois, lorsqu'ils voulaient les leur conserver,
« leur faisaient emporter des Lettres-Patentes, enre-
« gistrées, qui leur conservaient leurs droits éventuels
« et leur qualité de Français, « bien qu'absents et non
« régnicoles » ; et, qu'en outre, ces Princes conser-
« vaient, et très soigneusement, leurs titres Français,
« apanages, fonctions et gouvernements en France ;
« ce qui indiquait, et très clairement, *l'exception* et ses
« conditions. Il en fut ainsi pour Henri III et le trône,
« purement électif cependant, de Pologne ; pour le

(1) B. N., ms. franç. 10763, fol. 1-3, minute orig.

« Duc d'Alençon, allant régner en Brabant, en Flan-
« dre et aux Pays-Bas ; pour le Prince de Conti, élu
« Roi de Pologne ; tous emportèrent des Lettres-Pa-
« tentes et maintinrent leurs apanages et établisse-
« ments en France, *et fort soigneusement* [1]. »

En 1712, Philippe V manifeste l'intention de renoncer aux qualités de Français et de Prince Français
et à tous ses droits en France. Louis XIV, ardent à
l'en dissuader, écrit, le 7 mai, au marquis de Bonnac,
son ambassadeur à Madrid :

« Le Roi d'Espagne regrettera peut-être bien des
« fois d'avoir abandonné les Droits de sa naissance,
« *mais il ne sera plus temps de les faire valoir*, car ou-
« tre sa Renonciation, les mesures seront prises *pour*
« *assurer à ses cadets la succession à ma Couronne*, et
« toute l'Europe en sera garante.
« Tout mon royaume aura un égal intérêt de main-
« tenir la disposition qui aura été faite, parce qu'elle
« ne pourroit être troublée sans donner lieu à des
« guerres intestines, et le Roi [d'Espagne] mon Petit-
« Fils, *regardé pour lors comme étranger*, n'auroit
« point de partisans assez téméraires pour oser se dé-
« clarer et soutenir ses prétentions contre les disposi-
« tions faites par le Traité de paix en faveur des
« Princes qui seroient actuellement en France [2]... »

Malgré les instances répétées de Louis XIV, au mois
de novembre 1712, à Madrid, devant les Cortès, Philippe V, tant pour lui que *pour tous ses descendants*,
renonçait irrévocablement au droit de succéder à la
Couronne de France, les en déclarant à jamais « *exclus*
« *inhabiles et incapables...*, *de la même manière que si*

(1) Baron T. LAMBERT, *La Défense de Seine-et-Marne*, 17 fév. 1892.
(2) Baron T. LAMBERT, *ibid.*, 30 janv. 1897.

« moi et mes descendants nous n'étions point nés [1]. »

Le 21 du même mois, le Duc de Berry et le Duc d'Orléans faisaient des renonciations identiques au sujet de leur droit éventuel à la Couronne d'Espagne [2].

Au mois de mars 1713, par des lettres-patentes dont le préambule est à noter, Louis XIV révoqua et annula celles du mois de mars 1700 par lesquelles Philippe V et sa descendance masculine conservaient leur droit éventuel à la Couronne de France. J'ai retrouvé [3] la minute originale de ces lettres de 1713, portant des corrections d'une importance d'autant plus significative qu'elles furent très probablement indiquées, et peut-être même quelques-unes écrites par Louis XIV :

«... *Comme la première qualité essentielle pour estre assis sur le Throsne de France*, et pour porter la plus ancienne et la plus illustre Couronne qui soit au monde, *est la qualité de français* ; Que la naissance la donne [4] [et que *touts nos sujets habitants en pays étranger*, leurs enfants lorsqu'ils y naissent, *soit Princes de nostre sang*, soit autres quels qu'ils soient, *ne peuvent même recueillir la moindre succession dans nostre Royaume*, si ce deffaut n'est corrigé par] nos Lettres, Nous eusmes soin, lorsque nostre très cher et très amé [frere et] [5] Petit-fils le Roy d'Espagne sortit

(1) *Preuves*, num. 4.
(2) *Preuves*, num. 5.
(3) B. N., ms. franç. 10763, fol. 22 et suiv.
(4) Ce qui suit, entre crochets, est écrit en marge pour remplacer ces mots, qu'on a biffés : « et qu'à l'égard de tous nos sujets, « Princes de nostre sang et autres, *le deffaut d'estre neʒ* Etrangers « ne sauroit estre corrigé que par ». — On avait d'abord biffé seulement les 5 mots en italiques, en les remplaçant par ceux-ci, en interligne « l'habitation et la naissance en pays ».
(5) Ajouté en interligne.

de nostre Royaume pour aller prendre possession de la Monarchie d'Espagne, de déclarer par nos Lettres données à Versailles au mois de décembre de l'an de grace 1700 enregistrées en nostre Cour de Parlement et Chambre de nos comptes à Paris, que nostre volonté estoit que nostre dit [frere et] petit-fils le Roy d'Espagne conservast toujours les droits de sa naissance, de la mesme maniere que s'il faisoit sa residence actuelle dans nostre Royaume... L'Europe a depuis esté agitée par de violentes guerres, et la crainte éloignée de voir un jour nostre Couronne et celle d'Espagne portées par le mesme Prince, a suscité contre nous le grand nombre d'Ennemis, dont nous avons soutenû les efforts pendant plus de douze années avec des succez divers, mais toujours protegez par la main de Dieu, qui chastiant nos fautes ne nous a jamais abandonnez... Mais les mesmes allarmes subsistant toujours, la première et la principale condition qui nous a esté proposée par nostre très chère et tres amée sœur la Royne de la Grande Bretagne, [comme le fondement essentiel et necessaire des traittez] [1], a esté que le Roy d'Espagne, nostre très cher et tres amé [frere et] [1] petit-fils, conservant la monarchie d'Espagne et des Indes, renonceroit pour luy et ses descendans à perpetuité aux droits que sa naissance pourroit jamais donner à lui et à eux sur la succession de nostre Couronne et de nos Etats.

« Mais comme cette Princesse... sentit toute la répugnance que Nous avions à consentir qu'un de nos Enfans, si digne de recueillir la succession de Nos Pères, en fût necessairement exclû, si les malheurs dont il a plû à Dieu de Nous affliger dans Nostre famille Nous enlevoient encore dans la personne du Dauphin, Nostre très cher et très amé arrière-petit-fils, le seul reste des Princes que Nostre Royaume a si justement pleurez avec Nous..., Nous convînmes... de proposer au Roy d'Espagne d'autres Estats, inférieurs

(1) Ajouté en interligne.

à la vérité à ceux qu'il possède, mais dont la considération s'accroistroit d'autant plus sous son règne que, conservant ses droits en ce cas, il uniroit à Nostre Couronne une partie de ces mesmes Estats s'il parvenoit un jour à Nostre succession. Nous employâmes donc les raisons les plus fortes pour luy persuader d'accepter cette alternative. Nous luy fîmes connoistre que le devoir de sa naissance étoit le premier qu'il dust consulter ; qu'il se devoit à sa Maison et à sa Patrie avant que d'estre redevable à l'Espagne ; que s'il manquoit à ses premiers engagemens, il regretteroit peut-estre un jour inutilement d'avoir abandonné des droits *qu'il ne seroit plus en état de soutenir*. Nous ajoutâmes à ces raisons les motifs personnels d'amitié et de tendresse que Nous crûmes capables de le toucher : le plaisir que Nous aurions de le voir de tems en tems auprès de Nous et de passer avec luy une partie de nos jours, comme Nous pouvions Nous le promettre du voisinage des Estats qu'on lui offroit ; la satisfaction de l'instruire Nous même de l'état de nos affaires et de Nous reposer sur luy pour l'avenir ; en sorte que si Dieu nous conservoit le Dauphin, Nous pourrions donner à Nostre Royaume, en la personne du Roy Nostre frere et petit-fils, un Régent instruit dans l'art de régner, et que *si cet Enfant* si précieux à Nous et à Nos sujets *Nous étoit encore enlevé, Nous aurions au moins la consolation de laisser à Nous et à nos peuples un Roy vertueux*, et qui réuniroit encore à Nostre-Couronne des estats très considérables.

« *Nos instances réitérées avec toute la force et la tendresse nécessaires* pour persuader un fils qui mérite si justement les efforts que Nous avons faits *pour le conserver à la France*, n'ont produit que des refus réitérez de sa part, d'abandonner jamais des sujets braves et fidèles dont le zèle pour Luy s'étoit distingué dans les conjonctures où son trosne avoit paru le plus ébranlé. En sorte que *persistant avec une fermeté invincible dans sa première résolution*, soutenant même qu'elle étoit plus glorieuse et plus avantageuse à Nostre Maison et à Nostre Royaume que celle que Nous le pressions de prendre, Il vient, enfin, de déclarer, dans l'Assemblée des Estats du Royaume d'Espagne convoquée pour cet effet à Madrid, que, pour parvenir à la paix générale et asseurer la tranquillité de l'Europe par l'équilibre des Puissances, *il renonceoit de son propre mouvement, de sa volonté libre et sans aucune contrainte, pour luy, pour ses héritiers et successeurs, pour toujours et à jamais, à toutes prétentions, droits et titres que luy ou aucun de ses descendans ayent dez à présent ou puissent avoir* EN QUELQUE TEMPS QUE CE SOIT A L'AVENIR *à la succession de Nostre Couronne : qu'il s'en tient pour exclu, luy, ses enfans, héritiers et descendans, à perpétuité ; qu'il consent pour luy et pour eux que dez à présent, comme alors, son droit et celuy de ses descendans passe et soit transféré* A CELUI DES PRINCES *que la Loy de succession et l'ordre de la naissance appelle à hériter de [Notre][1] Couronne*, au défaut de nostred. petit-fils le Roy d'Espagne, ainsy qu'il est plus amplement spécifié dans l'acte de sa renonciation admis par les Estats de son Royaume...

« En conséquence, voulons et entendons que nosd. lettres-patentes du mois de décembre 1700... soient et demeurent nulles et comme non avenuës... Voulons que, conformément aud. acte de renonciation de nostred. petit-fils le Roy d'Espagne, *il soit désormais regardé et considéré comme exclu de nostre succession. Que ses héritiers, successeurs et descendans en soient aussy exclus à perpétuité et regardez comme inhabiles à la recueillir ;* Entendons qu'à leur défaut tous droits qui pourroient, en quelque temps que ce soit, leur compéter et appartenir sur nostred. Couronne et succession de nos Estats, soient et demeurent transferez à nostre très cher et très amé petit-fils le Duc de Berry, à ses Enfans et descendans masles nez

(1) Il y avait *la*, qu'on a biffé et remplacé par *notre*.

en loyal et légitime mariage, et successivement à leur défaut, *à ceux des Princes de nostre [Maison Royale]* [1] *et leurs descendans, qui par le Droit de leur naissance et par l'ordre estably depuis la fondation de nostre Monarchie, devront succéder à nostre Couronne...* [2] »

Le 15 mars 1713, toutes Chambres réunies, les Princes du Sang et les Pairs présents, le Parlement de Paris, en exécution du mandement du Roi, enregistra ces lettres-patentes, et l'acte de renonciation du roi d'Espagne, toutes réserves faites sur les qualifications qu'il y prenait de roi de Navarre, duc de Bourgogne et comte de Flandre.

Philippe V renouvela ses renonciations aux traités d'Utrecht, 11 avril et 13 juillet 1713, de la Quadruple Alliance, 1720, de Vienne, 1725, et elles furent confirmées par ses Fils aux traités d'Aix-la-Chapelle, 1748.

Le traité d'Utrecht, qui rendit la paix à l'Europe en consacrant la perpétuelle séparation des Couronnes et des Maisons de France et d'Espagne, fut enregistré au Parlement de Paris, donnant ainsi à cet instrument diplomatique la vigueur d'une loi française et la consécration de l'acceptation nationale. Philippe V et sa descendance étaient bien désormais et à jamais, au regard de la France, *comme s'ils n'étaient point nés.* Le Roi d'Espagne conservait personnellement le titre de Fils de France, mais ce titre n'impliquait et ne pouvait plus jamais impliquer des

---

(1) Ces deux mots ont remplacé ceux-ci, biffés sur la minute, « famille Royale et de nostre sang ».

(2) Ces mots, qui suivaient, ont été biffés : « comme estant dans le degré le plus prochain de celuy qui l'aura possédée le dernier. »

droits qu'il avait solennellement abdiqués ; ce n'était plus qu'un souvenir de sa naissance, comme l'écu fleurdelisé qu'il mit sur les armes d'Espagne ; ce titre devait mourir avec lui ; aucun des Infants ses fils ne le prit, ni n'eût pu le prendre ; nés en Espagne, « fils d'Espagne », ils étaient étrangers à la France et à la Maison de France ; entre elles et eux, il y avait à jamais d'irrévocables renonciations, de solennels traités, — et les Pyrénées.

Philippe V ayant abdiqué sa qualité de Français et de Prince Français, non seulement pour lui, mais aussi pour ses Fils, par qui ses renonciations furent confirmées en 1748, aucun lien ne subsistait plus ni ne pouvait subsister entre eux et la France.

Issus de la Maison de France, les Princes Espagnols sont chronologiquement les aînés des Bourbons ; politiquement, ils ne sont même pas des puînés de la Maison de France, car ils sont à jamais pour elle et pour la France « de la même manière que s'ils n'étaient point nés. » Louis XIV, la mort dans l'âme, n'en précisa pas moins avec netteté la différence des situations et des droits, en substituant ou faisant substituer sur la minute de ses lettres-patentes, lettres-loi de mars 1713, à ces mots, « Princes de notre *Famille* Royale et de notre *Sang*, » lesquels pouvaient prêter à l'équivoque, ceux-ci : « Princes de notre *Maison Royale.* »

Que faudrait-il donc exiger d'un contrat, d'un pacte librement et volontairement consentis, de déclarations spontanées et formelles, de renonciations explicites, de traités solennels, de serments plus solennels encore, si les actes les plus respectables pou-

vaient être déchirés, foulés aux pieds par le caprice
ou l'ambition ? Est-ce qu'une pression quelconque
fut exercée sur Philippe V ? S'il y en eut une, elle
vint de son aïeul le grand Roi, le suppliant de ne
pas renoncer à la France et à ses droits. Louis XIV
n'eût pu de sa seule autorité rompre, au préjudice de
son petit-fils, la trame sacrée de l'hérédité. La loi
fondamentale de la Monarchie Française créait un
lien réciproque et perpétuel entre le Roi et ses descendants, d'une part, les sujets et leurs descendants,
de l'autre ; mais si le Roi peut abdiquer, à plus forte
raison un Prince du sang, comme fit en 1700 le Dauphin, comme fit dans ce siècle Mgr le Duc d'Angoulême peut-il renoncer à un droit immédiat ou éventuel, pour lui comme pour sa descendance, surtout
lorsque sa renonciation a pour effet d'assurer à ses
descendants des avantages réels, immédiats, non aléa-
toires. Il n'y aurait plus de contrat possible, si les
descendants avaient, à un instant quelconque, le
pouvoir de le révoquer parce qu'il a cessé de leur
plaire.

La thèse, qu'un pacte de leur auteur ne saurait les
lier à tout jamais, est purement révolutionnaire : elle
justifierait les hommes qui, sous le même prétexte,
rompent le pacte fondamental et substituent à la
Royauté la république. Enfin, arguer de ce que des
pactes similaires ont été violés n'est pas digne de
réfutation : les fautes d'autrui ne peuvent jamais être
la justification des nôtres.

Ainsi, de par les renonciations de Philippe V à son
droit éventuel de succession au trône de France, il y
a dès lors deux Maisons Souveraines, absolument

étrangères l'une à l'autre, à perpétuité distinctes : la
Maison Royale de France et la Maison Royale d'Espagne. Pour l'histoire, comme pour Louis XIV, Philippe V est nécessairement par sa naissance de la
famille de Bourbon ; par ses renonciations il n'est
plus de la *Maison* de France. Aussi, depuis ces renonciations, tous nos Rois, sans exception aucune,
ont-ils constamment reconnu et traité tous les Ducs
d'Orléans comme Premiers Princes du Sang Royal.
L'*Almanach Royal* de 1715, composé vers la fin de
1714, publication officielle, donne la liste hiérarchique
des Princes Français : le Duc d'Orléans y prend rang
immédiatement après le Dauphin : Philippe V n'y
figure pas ; on le trouve plus loin, parmi les monarques étrangers, en tête des Princes Espagnols [1].

En juillet 1714, Louis XIV, en vue de « prévenir les
« malheurs et les troubles qui pourroient arriver, si
« tous les *Princes de Nostre Maison Royale* venoient
« à manquer..., s'il arrivoit qu'il ne restât pas un
« seul Prince légitime du Sang et de la *Maison de*
« *Bourbon* pour porter la Couronne de France »,
appelle à l'honneur d'y succéder ses fils légitimés [2].
La Maison de Courtenay, issue par mâles de Louis VI,
bien qu'elle ne puisse trouver un procureur ayant le
courage de notifier sa protestation contre un édit
qui lèse son droit éventuel de succession au Trône,
ne la formule pas moins avec une noble énergie [3].
Philippe V, lui, se tait, évidemment parce qu'il re-
connaît n'avoir plus en France aucun droit.

(1) Voy. aux *Preuves*, num. 7.
(2) *Preuves*, num. 6.
(3) CLAIRAMBAULT, t. 485, p. 207, 1er sept. 1714.

Dans ses derniers moments, Louis XIV adresse au Duc d'Orléans ces paroles, qu'un historien rapporte comme extraites des registres du Parlement :

« Je vous recommande le Dauphin ; gardez-le fidèlement, comme vous m'avez servi, et travaillez à lui conserver la couronne. S'il vient à manquer, vous serez maître de la couronne [1]. »

« La Régence du Royaume fut déférée par le Parlement de Paris à Philippe, Petit-fils de France, Duc d'Orléans, *suivant le droit de sa naissance comme étant le Premier Prince du Sang* [2]. »

Non seulement Philippe V ne protesta point contre la décision du Parlement, mais, trois ans après, il renouvela ses renonciations, au traité de la Quadruple alliance.

Le 26 avril 1723, le Regent, par une déclaration registrée en Parlement, abolit l'édit de juillet 1714 comme donnant « atteinte au droit qui appartient le « plus incontestablement à la Nation Françoise de se « choisir un Roy, au cas que dans la suite des temps « la race des Princes légitimes de la *Maison de « Bourbon* vînt à s'éteindre [3]. »

Déclaration conforme au droit fondamental de la Nation ; une Couronne est un véritable majorat institué, pour une Race qui peut périr, par la Nation, qui ne meurt jamais ; à défaut d'héritier réunissant les qualités voulues par l'acte constitutif et les lois de la Monarchie, ce majorat est de plein droit reversible à la Nation. Ces qualités sont : 1° Etre Français,

---

(1) VATOUT, *Conspiration de Cellamare*, I, 53.
(2) MORÉRI, *Grand Dict. hist.*, éd. 1725.
(3) Voy. aux *Preuves*, num. 8.

2° Être de la Maison de France, 3° Être l'Aîné de cette Maison, 4° Être régnicole. — L'*Almanach Royal* de cette même année 1723 donne la liste des Princes de la *Maison de Bourbon*, vocable synonymique de *Maison de France* : le Duc d'Orléans y figure au premier rang après le Roy ; Philippe V et ses Fils n'y figurent pas ; ils sont plus loin, sous la rubrique *Espagne* [1]. Non seulement le petit-fils de Louis XIV ne protesta pas contre la Déclaration précitée, mais, deux ans après, il réitéra ses renonciations, au traité de Vienne. Et de quel droit, ayant cessé d'être Français et Prince Français, eût-il protesté ?

« Les Français, a dit Henri V, seuls de tous les peuples de l'Europe, ont toujours eu le privilège d'avoir à leur tête des Princes de leur Nation et de leur Race. »

A la mort de Monsieur le Comte de Chambord, tous ses droits politiques ont passé à l'aîné de la Maison de France. Qui pourrait, sans provoquer le sourire, prétendre que le chevaleresque Prince visait les Bourbons d'Espagne, lorsqu'en 1873 il disait aux Français :

« La Maison de France est loyalement réconciliée : ralliez-vous tous confiants derrière elle. »

Henri V connaissait trop parfaitement notre histoire et notre vieux Droit national pour émettre une si énorme hérésie : il savait trop bien qu'un Prince, même de sa race, n'étant pas Français, était sans droit à la Couronne.

En protestant, lui, Prince étranger, contre l'antique

(1) *Preuves*, num. 9.

jurisprudence qui l'en écarte irrémissiblement, Mgr le Duc de Madrid ou tout autre Prince Espagnol protesterait du même coup contre les origines de la Royauté Capétienne ; en effet, Hugues Capet ne fut appelé au trône que parce que l'héritier du sang royal, Charles de Lorraine, s'était fait Prince étranger ; car, dès les temps les plus anciens de la Monarchie Française, tout Prince étranger, qu'il le fût par sa naissance ou le fût devenu, était inhabile à succéder au Trône.

« La Noblesse de France, dit André Favyn, n'a « jamais voulu recognoistre Prince estranger pour « son Roy, voire fust-il du sang de France, de sorte « que Charles de Lorraine s'estant rendu estranger, la « Couronne appartenoit à Hugues Capet, Duc de « France et Comte de Paris. » — « On pourroit dire, « ajoute Mézeray, que ce pauvre prince s'estoit destitué « de luy mesme, en se rendant estranger. » — « La première qualité pour estre assis sur le Throsne « de France, disait Louis XIV en 1713, est la qualité « de Français. » — « Le bon sens, dit Dumoulin « (*Coustume de Paris*, 1576), exige que les Princes « du Sang devenus estrangers soyent écartés du « Trosne, au mesme tiltre que les descendans masles « des Princesses. L'exclusion des uns et des autres est « dans l'esprit de la coustume fondamentale, qui ne « méconnoist le sang royal dans les Princesses que « pour ne jamais laisser le sceptre aux estrangers. » « Pour que Philippe V eût conservé ses droits, dit « M. le baron Tristan Lambert, tout en cessant d'être « régnicole, il eût fallu des lettres-patentes du Roi ; « les eût-il obtenues, chacun de ses descendants eût « dû en obtenir de nouvelles ; mais Philippe V, non « seulement cessa d'être régnicole, mais cessa même « d'être Français. »

Un juriste du XVIe siècle, Baquet [1], professe qu'un Français qui s'est établi dans un Etat étranger, qui y possède une charge, qui s'y est fait naturaliser, qui y a choisi sa demeure permanente, devient étranger ; dix années suffisent ; après ce laps, s'il revient en France, il ne peut même y recueillir une succession.

« Le Prince du Sang devenu étranger, dit Bau-
« drillart, peut-il dire qu'il perd le Droit du sang,
« étant écarté du Trône ? Non : parce que le Droit du
« sang est décidé par la coutume fondamentale, et
« que, suivant cette coutume, pour avoir Droit au
« Trône, il faut que le sang Royal soit dans un Fran-
« çais, de même qu'il faut qu'il soit dans un mâle. Ou,
« si l'on veut absolument dire qu'il perd ce Droit, il
« faut entendre qu'il a eu jadis, comme Prince du
« Sang, un droit qu'il a cessé d'avoir le jour où il
« est devenu étranger. — Philippe V, indépendam-
« ment des Renonciations, n'avait donc aucun Droit
« à la Couronne de France :
« 1° Parce qu'il était partagé de l'Espagne.
« 2° Parce qu'il était devenu étranger.
« Quant à ses Fils, ils ne l'ont jamais eu, et, à
« chaque génération, l'exclusion devait, s'il est
« possible, devenir plus forte et plus radicale. Les Re-
« nonciations, la Loi de Louis XIV, les Traités euro-
« péens les consacrant, ne pouvaient donc que cor-
« roborer ces causes radicales d'exclusion. »
« Pour que le Sang Royal donne droit au Trône,
« disait en 1727 le P. Poisson [2], il faut qu'il soit *dans*
« *un Français*, de mesme qu'il faut qu'il soit dans un
« mâle. »
« La succession au Trône, (dit le Tiers-État de la

___

(1) *Traité du droit d'aubaine* ; cité par le baron T. LAMBERT.
(2) *Loi fondamentale des Français* ; cité par M. le Baron TRISTAN LAMBERT, *Armes de France.*

« ville de Paris, — fidèle à la loyale devise de ses an-
« ciens échevins (1413), *Le droict chemyn*, — dans
« les Cahiers des États Généraux de 1789,) est héré-
« ditaire dans la Race régnante, par ordre de primo-
« géniture, *et ne peut échoir qu'à un prince né fran-*
« *çais* en légitime mariage *et regnicole.* »

Et le Tiers-État de Lyon : « Cette loi consacrera
« l'ordre établi pour la succession au trône dans la fa-
« mille régnante, de mâle en mâle et d'aînés en
« aînés, *à l'exclusion* des filles, de leur descendance et
« *des étrangers.* »

J'ai sous les yeux l'Adhésion des Princes de la Maison Royale de France, appelés à l'hérédité, et dans
l'ordre d'hérédité, à la Protestation du Roi Louis XVIII
contre l'éventualité de l'instauration du régime impérial (23 avril 1803) ; aucun Bourbon des lignes
étrangères (Espagne, Deux-Siciles, Parme) issues de
Philippe V n'y figure [1], — évidemment parce que
n'étant pas françaises, elles n'étaient pas menacées
dans leur droit de succession.

De tout ce qui précède il appert, en ce qui concerne
D. Francisco de Bourbon, que Monsieur le Duc de
Madrid, aîné de sa Maison, n'ayant fait, si même il
les a faites, que des renonciations d'ordre politique,
non d'ordre privé, et n'ayant jamais abdiqué son droit
familial, il appert, dis-je, que ce droit lui demeure in-
tégral et que les prétentions de Don Francisco sont
insoutenables, illusoires et usurpatoires. Si même, en
violation des renonciations de Philippe V, leur auteur commun, et en violation des traités, elles pouvaient être admises, elles auraient pour conséquence

(1) Voy. aux *Preuves*, num. 13.

logique, pour effet parallèle de restaurer le droit éventuel de Mgr le Duc d'Orléans et des autres Princes de la Maison de France à la Couronne d'Espagne.

J'ai dit que feu Mgr le Duc de Séville, frère aîné de D. Francisco de Bourbon, était contraire à la thèse que soutient aujourd'hui ce dernier; en voici la preuve, écrite et signée de sa main, sur un très précieux exemplaire des « *Lettres patentes du Roy, Qui admettent la re-nonciation du Roi d'Espagne à la Couronne de France, et celles de M. le Duc de Berry et de M. le Duc d'Orléans à la Couronne d'Espagne, Et qui révoquent les Lettres Patentes de Sa Majesté du mois de Décembre 1700. Données à Versailles au mois de mars 1713 et Regis-trées au Parlement. A Paris, chez la veuve François Muguet, et Hubert Muguet, Premier Imprimeur du Roy, et de son Parlement, ruë de la Harpe, aux trois Rois. MDCCXIII* (In-4° de 31 pp.).

Cet exemplaire a été donné à M. le baron Tristan Lambert par S. A. R. Mgr le Duc d'Alençon, qui, sur le premier feuillet, a voulu inscrire le témoignage si flatteur de son approbation et de sa gratitude; ce qu'ont fait aussi Monsieur le Comte de Paris, Mon-sieur le Duc d'Orléans, S. A. R. Mgr le Duc de Ven-dôme, Mgr le Duc de Séville et S. M. le Roi des Deux-Siciles.

« A Monsieur le Baron Tristan Lambert,

« En souvenir de ses nombreuses recherches et de ses précieux travaux pour le Droit traditionnel, avec mes sentiments de reconnaissance et d'inaltérable amitié.

« FERDINAND D'ORLÉANS, DUC D'ALENÇON.

« Je félicite mon Cousin le Duc d'Alençon d'avoir pu offrir ce précieux volume à notre ami commun. Je m'associe à la bonne pensée qu'il a eue de donner ce souvenir au Baron Tristan Lambert. Celui-ci, par ses infatigables recherches pour compléter les documents relatifs aux renonciations, par ses publications si sincères, si fortement étudiées, méritait mieux que personne un pareil témoignage d'estime et d'amitié.

« PHILIPPE, COMTE DE PARIS.

« Château d'Eu, le 22 juillet 1885.

« PHILIPPE, DUC D'ORLÉANS. Château d'Eu, le 23 juillet 1885.

« EMMANUEL D'ORLÉANS [1]. 12 avril 1890.

« Bourbon d'Espagne et Prince Espagnol, je tiens à m'associer de tout cœur aux sentiments témoignés par le Chef de la Maison de France et mes Royaux Cousins de France à mon très affectionné ami le Baron Tristan Lambert à l'occasion de ses savants travaux sur le Droit Traditionnel et la Maison de Bourbon.

« HENRI PIE DE BOURBON, DUC DE SÉVILLE.

« Paris, le 9 février 1889. »

« Mon cher Baron, — La lecture de vos articles m'a beaucoup intéressé et il ne pouvait en être autrement, puisque dans ces articles il s'agit de ma Famille, et des questions de Légitimité Héréditaire, que vous avez traitées à fond avec toute l'autorité que vous

(1) S. A. R. Monseigneur le Duc de Vendôme.

donnent les études dans lesquelles vous êtes passé maître. Ce que je tenais à vous dire, en vous remerciant de votre aimable pensée, pour que vous soyez bien persuadé que c'est avec la plus grande satisfaction que je vois que vous vous occupez de questions qui m'intéressent au plus haut degré. — Croyez aussi, mon cher Baron, à mes meilleurs sentiments.

« Votre affectionné,

« FRANÇOIS [1]. »

Comment les Princes Espagnols pourraient-ils succéder au Trône de France alors qu'ils ne sont ni Français, ni Princes de la Maison de France, et que jamais, depuis Philippe V, leur auteur, ils n'ont été reconnus ni qualifiés tels par nos Rois, ni par personne, et qu'ils sont politiquement, au regard de la France, comme s'ils n'étaient point nés ?

Don Carlos s'abusait donc en 1892, aussi bien que Don Francisco en 1895 et maintenant, en réclamant la possession exclusive d'insignes qui appartiennent exclusivement à la Maison de France et à la France. Monsieur le Duc d'Orléans est le Chef légitime de la Maison de France ; Monsieur le Duc de Madrid est le Chef masculin de la Maison d'Espagne ; ce sont deux Maisons séparées irrévocablement depuis près de deux siècles, aussi distinctes l'une de l'autre que le sont entre elles, par exemple, la Maison de Russie et la Maison de Danemark, toutes deux issues cependant de la même souche masculine (Holstein) ; — politiquement, successoralement aussi étrangères l'une

(1) Sa Majesté le Roi des Deux-Siciles.

à l'autre que la Maison de Bavière à la Maison de Savoie. Princes Français et Princes Espagnols, assurément, sont des Bourbons, mais le droit de ceux-ci n'est pas le droit de ceux-là ; comme dit le vieil adage : *Omne simile non est idem.*

Si Mgr le Duc de Madrid a tant le souci de la brisure héraldique, encore qu'elle soit tombée presque partout en désuétude, qu'il lui plaise de commencer par en recommander la pratique aux Princes de sa Maison, qui tous sans exception portent aujourd'hui, sur le tout des armes pleines d'Espagne, les pleines armes de France ; — humble avis qui me conduit à parler de celles de la Maison d'Espagne.

VII. — ARMES DE LA MAISON ROYALE D'ESPAGNE. — Si le nom de la branche Espagnole de la Maison de Bourbon est *Anjou,* cette branche doit nécessairement porter les armes d'Anjou. « Les noms, dit G.-A. de la Roque, sont des armes parlantes ; les armes sont des noms muets. » Entre le nom et le blason, il y a corrélation directe ; cela se savait jadis, et dire que « les Bourbons d'Espagne ont *toujours* porté les armes pleines de France [1] » est hé-

(1) Jean Régnier, *Les Armes de France, ut suprà.*

raldiquement impossible. Présumer, comme l'érudit auteur de la lettre qui m'a induit à écrire cette étude, que Louis XIV ne se préoccupa point des armoiries que prendrait le Duc d'Anjou en devenant roi d'Espagne, contredit au caractère du grand Roi, à son souci de la règle, à sa tendre affection pour son petit-fils.

« Claude Paradin, — dit G.-A de la Roque, — Gilles Corrozet et Marc Gilbert de Varennes se sont mépris, de faire remonter les brisures, non seulement jusqu'à Louis le Gros, mais jusqu'au tems de Robert I, comte d'Anjou, vivant l'an 870, parce (disent-ils) qu'il portoit UNE BORDURE DE GUEULES *sur un écu d'azur semé de fleurs-de-lis d'or*... Charles de France, comte de Valois [et d'Anjou], paroît dans son sceau sur un cheval houssé, caparaçonné et semé de fleurs-de-lis, tenant de sa main droite une épée nue attachée à une chaîne, et de la gauche un écu semé de fleurs-de-lis, A LA BORDURE... Son casque a pour cimier une tête d'homme, à laquelle est attaché un vollet, et cette inscription : *Carolus Regis, Franciae filius, Comes Valesiae, Andegaviae* ; le contre-scel est semé de fleurs-de-lis, A LA BORDURE [1]. »

Vers 1360, Louis de France, Duc d'Anjou, en 1396 « Monseigneur d'Anjou », en 1450 « le Duc d'Anjou » portent « De France *à la bordure de gueules* [2] ». En 1699, « Mgr le Duc d'Anjou » porte « D'azur à 3 fleurs de-lis d'or, *à la bordure de gueules* [3]. »

« Et signifioit telle bordure, — écrivait Louis XI à « Marie de Bourgogne, — qu'ils n'estoient chefs de « leurs armes, ains dépendoient de plus hault. »

(1) *Traité du Blason*, ch. XVI, p. 49, et ch. XI, p. 25.
(2) Voy. aux *Preuves*, num. 1-3.
(3) *Pièces orig.*, t. 460, Bourbon, p. 327-330.

Il est hors de doute que Philippe V, et ses successeurs durant plus d'un siècle, ont porté *d'Anjou* sur le tout des armes d'Espagne : le cachet de ce Monarque [1], reproduit en tête du présent chapitre, les anciens sceaux d'État et les monnaies en font foi, ainsi que le *Hof Kalender* de Nuremberg en 1737, un nobiliaire français de 1773 [2], la reliure d'un exemplaire de la *Guia de forasteros en Madrid para el año de 1790* que je possède, et les nombreux portraits armoriés de Philippe V et de ses successeurs [3]. Sur ces portraits, c'est en 1807 que, pour la première fois, l'écu d'Anjou est remplacé par l'écu de France plein ; c'est-à-dire dans un temps où la Maison de France était dépossédée, frappée d'exil, et semblait avoir pour jamais perdu la Couronne. Après 1830, ce qui avait pu n'être que l'erreur d'un graveur anglais devient la règle générale, et, sur les monnaies, les armes d'Espagne sont ainsi figurées : Écartelé : au 1, *de Castille* ; au 2, *de Léon* ; au 3, *d'Aragon* ; au 4, *de Navarre* ; enté en pointe *de Grenade* ; sur le tout, un écu ovale, *de France plein*.

« Ces fleurs de lys, écrivait le Duc de Madrid au Comte de Paris, placées au milieu des Armes de l'Espagne, sont aujourd'hui le symbole des droits de notre famille. »

Ces fleurs de lys, sans brisure, ont été prises par le Roi d'Espagne dans un temps où sa Maison n'avait pas même un prétexte pour les prendre, puis-

---

(1) Sur des lettres autographes de Philippe V « à Monsieur l'Électeur de Bavière, mon Frère et Oncle », 1710. (B. N., ms. franç. nouv. acq. 486, fol. 117-119.)

(2-3) *Preuves*, num. 14 et 12.

qu'alors elle n'avait même pas l'aînesse du sang. Cela ne prouve donc au fond que la désuétude des brisures, et l'argument se retourne contre la velléité d'en imposer une à autrui.

Ne pouvant être avant 1883, que mourut Henri V, des *armoiries de prétention*, « qui sont, dit Courcelles, des marques du droit que l'on prétend avoir sur certains fiefs, terres ou royaumes », les fleurs-de-lis sans brisure indiquaient simplement, comme encore à présent, l'origine française et la glorieuse extraction des Bourbons d'Espagne. Héraldiquement, elles ne constituent pas une brisure [1], mais un augment de dignité, et elles ont le tort d'impliquer que ce fut un Roi de France qui devint Roi d'Espagne. Or, Philippe V était Duc d'Anjou, non Roi de France, et les armes d'Anjou étaient *de France à la bordure de gueules* ; cimier : *une fleur-de-lis issante d'or, devant une queue de paon au naturel* ; cri : *Montjoye Anjou*.

Le 16 novembre 1700, Louis XIV déclarait Roi d'Espagne son petit-fils, et, par son ordre, le ministre Pontchartrain demandait au Généalogiste des Ordres du Roi son avis sur les armoiries que devrait porter le Duc d'Anjou comme roi d'Espagne. Les documents suivants, que j'ai eu la fortune de retrouver, sont tout à fait probants.

« A Versailles, le 21 Novem. 1700.

« Je serois bien aise d'avoir vostre avis, sur les Ar-
« moiries que Mgr Le Duc d'Anjou devenu Roy d'Es-

---

(1) Lettre du prince de Valori à la *Libre Parole*, 16 mai 1896 : « L'écusson en abîme sur les tours de Castille et les lions d'Aragon constitue une brisure. »

« pagne doit porter. Je vous prie de m'en faire faire
« un dessin croqué seulement et d'y joindre un Mé-
« moire qui explique le Blazon, et qui contienne les
« raisons de vostre avis, taschez que ce soit prompte-
« ment, car cela presse. Je suis tout à vous.

« PONTCHARTRAIN,
« Sc^re d'État. »

Le 30 novembre, Clairambault adressait un second
avis au comte de Pontchartrain, qui lui en accusait
réception le 8 décembre, en l'informant que Louis XIV
avait agréé ce dernier avis.

« A Versailles, le 8 Décem. 1700.

« J'ay receu, Monsieur, vostre lettre du 30 du mois
« dernier dont je vous remercie. *Le Roy a fait mettre*
« *la brisure d'Anjou sur l'Ecusson du Roy d'Es-*
« *pagne* conformément a vostre dernier avis, et a l'es-
« gard du reste Sa Majesté a fait faire trois Ecussons
« differens pour donner à choisir au Conseil d'Es-
« pagne. Soyez persuadé, Monsieur, que je vous tiens
« tout le compte que je dois de vostre attention, et
« que l'on ne peut estre à vous plus parfaitement que
« je le suis.

« PONTCHARTRAIN. »

Voici maintenant le mémoire explicatif demandé à
Clairambault par le ministre, et l'on constatera, en le
comparant au texte de La Chenaye-Desbois [1] (1773),
que les deux définitions sont identiques.

(1) Voy. aux *Preuves*, num. 14.

« *Explication des Armes du Roi d'Espagne* [1].

« Ecartelé : au Ier, Contrécartelé : au 1er et 4 de Gueules à un château sommé de 3 tours d'or, qui est *de Castille*, au 2 et 3 d'argent à un lion couronné de gueules qui est *de Léon* ; à la pointe de ce quartier, entre Léon et Castille, sont les armes *de Grenade*, d'argent à une grenade de gueules tigée et feuillée de sinople ; au 2e Grand quartier, d'or à trois pals de gueules, qui est *d'Arragon*, parti d'or à quatre pals de gueules, flanqué en sautoir d'argent à deux aigles couronnés de sable, qui est *d'Arragon-Sicile* ; au 3e de Gueules, à une fasse d'argent, qui est *d'Autriche*, coupé *de Bourgogne ancien*, qui est bandé d'or et d'azur à une bordure de gueules ; au 4e d'azur semé de fleurs de lis d'or, et une bordure componnée d'argent et de gueules, qui est *de Bourgogne moderne*, coupé *de Brabant* qui est de sable à un lion d'or, et dans la pointe de l'écu, de sable à un lion d'or qui est *de Flandres*, parti d'argent à un aigle de gueules, couronné, béqué et onglé d'or, et sur le tout des quatre grands quartiers, d'azur à trois fleurs de lis d'or, A UNE BORDURE DE GUEULES qui est *France Anjou*. »

Charles d'Hozier ajoute ces mots au bas de l'*Explication* :

« Le Prince des Asturies les porte toutes *pareilles à celles du Roi son père*, à la différence de la couronne qui n'est pas de même [2]. »

Il importe de remarquer que ces armoiries, *avec la brisure d'Anjou*, furent déterminées par Louis XIV et

(1) Charles d'Hozier ajoute ici : « Voiez les mémoires faits par les ordres de *M. le Marquis de Torcy dans les Registres de M. Clairambault, Genealogiste des ordres*, où est la décision. » Il m'a été impossible de retrouver cette importante décision, qui se trouvait sans doute dans ceux des registres brûlés à la révolution.

(2) B. N., Cabinet d'Hozier, t. 149, doss. *de France*, p. 5-7.

adoptées par Philippe V alors qu'il était encore Français et Prince Français, ce qu'il ne cessa d'être que douze ans après, par un acte de sa volonté mûrement réfléchie ; et cependant l'écu fleurdelisé que Louis XIV « fit mettre sur l'écusson du Roy d'Espagne » n'était même pas alors *de France plein*, mais *de France à la bordure d'Anjou.*

Sous la Restauration, la Maison Royale de France ne reconnaissait pas aux descendants de Philippe V le droit de porter les fleurs-de-lis sans cette bordure ; ce que j'infère des armoiries de Madame, Duchesse de Berry, que l'on peut voir ici, en tête du chapitre III, accolées à celles de son auguste époux, dans lesquelles l'artiste qui les dessina a mal figuré la bordure engrêlée, brisure de Berry.

Les Bourbons d'Espagne ne peuvent en droit porter les fleurs-de-lis sans la brisure d'Anjou, puisque cette brisure fut adoptée par Philippe V à son avènement, et portée par ses successeurs jusque dans notre siècle ; mais cette brisure ne leur confère pas le droit au nom d'Anjou : elle ne constitue que le *memento* du titre français d'apanage porté par leur auteur avant son avènement à la Couronne d'Espagne (1700) ; et c'est ici qu'apparaît plus clairement encore l'inanité de la prétention de D. Francisco de Bourbon au titre ducal et même au nom d'Anjou.

Philippe V eut sept fils :

1º Louis, *né le 25 août 1707*, roi d'Espagne le 15 janvier 1724 ; mort *sans postérité.*

2º Philippe, *né le 2 juillet 1709*, mort le 8.

3º Philippe, *né le 7 juin 1712*, mort le 29 novembre 1719.

4° Ferdinand, né le 23 septembre 1713, mort sans postérité.

5° Charles, *né le 20 janvier 1716* (CHARLES III.)

6° François, né le 21 mars 1717, mort le 2 avril suivant.

7° Philippe, né le 15 mars 1720, auteur de la Maison Souveraine des Ducs de Parme.

Les trois aînés naquirent avant que leur père eût renoncé à tous ses droits de Français et de Prince Français, lorsqu'il était encore de la Maison de France. En 1710, Louis XIV donne à son arrière-petit-fils (Louis XV) le duché d'Anjou ; en 1712, Philippe V fait ses renonciations, et, par suite, cessant d'être Français et Prince de la Maison de France, n'a désormais pas plus de droit au nom de France qu'au nom d'Anjou ; il n'a donc pu les transmettre à ses descendants, et ceux-ci l'ont si bien reconnu que tous, sans exception, n'ont plus porté et ne portent encore aujourd'hui que le nom de Bourbon, c'est-à-dire leur nom de race.

Tous les Bourbons d'Espagne descendent de Charles III (5° fils de Philippe V), né en 1716 lorsque son père n'était plus ni Prince Français, ni Duc d'Anjou : comment pourraient-ils donc légitimement réclamer ce titre et ce nom ? Il en serait autrement s'ils descendaient de Louis Ier, né en 1707, ou de l'Infant Philippe, né en 1709, c'est-à-dire avant que leur père eut perdu le titre ducal d'Anjou et la qualité de Prince de la Maison de France : dans ce cas, *Anjou* serait incontestablement le patronymique des Bourbons d'Espagne, comme *Orléans* est le patronymique des Bourbons de France.

7

Puisque la Maison d'Espagne n'est pas la Maison d'Anjou, et puisque « les armes sont le nom muet », il est logique qu'après réflexion elle ait renoncé à la brisure d'Anjou, mais non qu'elle se soit alors attribué les armes royales de France : en adoptant son nom de race, *Bourbon*, elle eût dû logiquement reprendre en même temps les armoiries qu'un ancien héraldiste désigne ainsi : « Bourbon royal (c'est-à-dire Bourbon issu de saint Louis, par opposition à la première race féodale des sires et barons de Bourbon) : De France, brisé d'un baston ou cotice de gueules [1]. » Par ainsi, le blason serait adéquat au nom, les armes seraient exactement « le nom muet ».

Que reste-t-il des prétentions de Monsieur le Duc de Madrid et de D. Francisco de Bourbon ?

Rien, rien, rien.

Les Armes de France appartiennent exclusivement, indivisément à la Maison de France et à la France ; elles ne sauraient appartenir à des Princes étrangers.

Le prince de Valori, champion vigoureux d'une cause débile, a dit (*Figaro*, 9 juillet 1892) :

« On a pris à la Royauté sa tête, sa couronne... Qu'on lui laisse au moins ses armoiries. »

Cette conclusion est aussi la nôtre : La Royauté d'Espagne a ses armoiries ; la Royauté de France a les siennes. *Cuique suum !*

Un trait historique me revient à la mémoire, singulièrement honorable pour la raison patriotique de Mathieu Molé. Député pour notifier au Duc de

(1) *Pièces originales*, t. 460, p. 271.

Mayenne le fameux arrêt du Parlement de la Ligue, pour le maintien de la Loi Salique contre les prétentions des Princes étrangers, — arrêt pris sur ses conclusions le 28 juin 1593, — il répondit aux reproches que lui faisait le Duc sur cette démarche :

« Ma vie et mes moyens sont à votre service, mais *je suis vrai Français*, et je perdrai la vie et les biens avant que jamais être autre. »

En concluant comme j'ai fait, en défendant « la fleur franciale », j'ai la conscience de pouvoir dire, moi aussi : « Je suis vrai Français. »

Vte DE POLI.

Preuves

1. — Brisures des Princes du sang, XIVe siècle. — « Il y a au Trésor de S. Catherine du Val des Ecoliers, à Paris, un reliquaire d'argent doré de cette martyre, au bas duquel se voient gravées et peintes les armoiries du roi Charles V, *d'azur à 3 fleurs de lis d'or*, et, au-dessous, celles du même monarque, aussi d'azur mais semées de fleurs de lis d'or, et parties *d'azur semé de fleurs de lis d'or, à la cotice de gueules*, à cause de la Reine Jeanne de Bourbon, son épouse... Dans cette même église, il se voit en trois différentes chapelles des armes peintes... En la première, se voient six armoiries ; celles qui sont au milieu et à la place d'honneur, peintes *d'azur semé de fleurs de lis d'or*, sont attribuées au roi Charles VI ; au côté droit, sont les armes de la reine Isabeau de Bavière,.; du côté de gauche, sont les armes de Louis de France, Duc d'Anjou, qui sont *d'azur à 3 fleurs de lis d'or, à la bordure de gueules*. Au même côté droit, sous les armes de la dite Reine, sont celles de Philippe de France, Duc de Bourgogne, qui sont écartelées au 1er et 3e quartiers, *d'azur à 3 fleurs de lis d'or, et à la bordure componnée d'argent et de gueules* ; au 2e et 3e, du Duché de Bourgogne, qui est bandé d'or et d'azur, à la bordure de gueules. Et au côté gauche, sous l'écu du Duc d'Anjou, est celui de Louis de France, Duc d'Orléans, qui est *d'azur à 3 fleurs de lis d'or et au lambel de 3 pendans d'argent* ; et au bas de cette vitre, sont les armes de Jean, Duc de Bourbon, *d'azur à 3 fleurs de lis, et à la cotice de gueules*... Et à la chapelle de S. Geneviève, sont six sortes d'écus aux blasons de France : le 1er est du roi Charles VI, *d'azur semé de fleurs de lis d'or* ; le second, celui de Louis de France, Duc d'Orléans, *d'azur semé de fleurs de lis d'or, au lambel d'argent* ; le 3e, celui de Louis de France, Duc d'Anjou, qui est *d'azur semé de fleurs de lis d'or, à la bordure de gueules* ; le 4e est l'écu de Jean de France, Duc de Berry, *d'azur semé de fleurs de lis d'or, à la bordure engrêlée de gueules*... Il y a encore d'autres exemples de toutes ces différences... aux vitres de la chapelle Notre-Dame,... à droite les armes de René, Duc d'Alençon, qui sont *d'azur semé de fleurs de lis d'or, à la bordure de gueules besantee d'argent ;* et à gauche, les armes de Jean, Duc de Bourbon, *d'azur semé de fleurs de lis d'or, à la cotice de gueules.* » (G.-A. de la Roque, *Traité singulier du Blason*, 1735, p. 40-41.)

2. Armorial du héraut Navarre, 1396.—«Le Roy de France : *D'azur à fleurs de lis d'or.* — Mgr le Daufin : *Escartellé de France et du Daufinez,* et sont les armes du Daufinez, *d'or à un daufin d'asur.* — Mgr d'Anjou : *Les armes de France, à une bordeure de gueules.* — Mgr de Berry : *Les armes de France, à une bordeure de gueules engreslée.* — Mgr de Bourgoine : *Les armes de France, à une bordeure bougonnée d'argent et de gueules...* — Mgr d'Orléans : *Les armes de France, à un lambel bougonnez d'argent et de gueules.*— Le Duc de

Borbon : *Les armes de France à un baston de gueules.*
— Le Comte d'Alençon : *Les armes de France, à une hordeure de gueules besantée d'argent.* — Le Comte du Perche : *Semblablement, à un chastellet d'or en la cornière de l'escu.* — Le Comte d'Estampes : *Les armes de France, à un baston bougonnez d'ermines et de gueules.* — Le Comte d'Eu : *Les armes de France, à un lambel de gueules chastellé d'or.* — Le Comte de la Marche : *Les armes de France, à un baston de gueules, à 3 lioncheaux d'argent sur le baston.* — Mgr Charles d'Artois : *Les armes de France, à un baston de gueules chastelé d'or...* [1] » (Douët-d'Arcq.)

3. — ARMORIAL DE GILLES LE BOUVIER, dit Berry, héraut du Roi Charles VII.—« Le Roy de France : *D'azur à 3 fleurs de lis d'or.* — Le Roy de Cécille (Sicile) : *Semé de France, au lambel 3 pendants de gueules.* — Le Duc d'Orléans : *De France au lambel 3 pendants d'argent.* — LE DUC D'ANJOU : *De France à la bordure de gueules.* — Le Duc de Bourgogne : *De France à la bordure componée d'argent et de gueules.* Le Duc d'Alençon : *De France à la bordure de gueules chargée de 6 besants d'argent.* — Le Duc de Bourbon : *De France à un bâton de gueules posé en bande.* — Le Comte d'Angoulême : *D'Orléans, surbrisé d'un croissant d'azur sur le premier lambel.* — Le Comte d'Eu : *Semé de France ; lambel 3 pendants de gueules ; chaque lambel chargé de 3 châteaux d'or.* — Le Comte de Clermont : *De France au bâton endenché de gueules posé en bande.* — Le Comte de Montpensier : *De même, le bâton engreslé.* — Le Comte de la Marche : *Semé de France, à la bande de gueules chargée de 3 lionceaux d'argent.* » (Vallet de Viriville.)

4. — RENONCIATIONS DE PHILIPPE V, 7 nov. 1712, Madrid.

---

(1) Notre très érudit collègue M. Paul de Farcy prépare une édition de ce précieux armorial. Il a déjà été publié, mais bien des noms y sont rendus méconnaissables. Voy. le *Cabinet hist.*, t. V-VI.

«...J'ai résolu..d'abdiquer, pour moi et *pour tous mes descendants*, le droit de succéder à la Couronne de France, désirant de vivre et de mourir avec mes aimés et fidèles Espagnols, laissant *à toute ma descendance le lien inséparable de leur fidélité* et de leur amour...

« Il ne sera au pouvoir d'aucune des parties d'altérer cet équilibre par aucun contrat de renonciation ni de rétrocession, puisque la même raison qui porte à établir cet équilibre doit le rendre permanent, formant une constitution fondamentale, *qui règle par une loi inaltérable la succession pour l'avenir*, afin qu'en ma personne, ni en celle de mes descendants on ne puisse considérer, ni faire fondement de représentation active ou passive, commencement ou continuation de ligne effective ou contemplative, de substance de sang ou de qualité, ni dériver la descendance, ou compter les degrés des personnes du Roi très chrétien mon Seigneur et Grand Père, ni du Seigneur Dauphin mon père, ni des glorieux Rois leurs ancêtres, ni par aucun autre effet entrer en la succession, ni prendre le degré de proximité et en exclure la personne qui, comme il est dit, suivra en degré.

« Je veux et je consens, pour moi-même et pour mes descendants, que dès à présent comme alors ce droit soit regardé et considéré comme passé et transféré au Duc de Berry, mon frère, et à ses enfants et descendants mâles nés en légitime mariage : et, au défaut de ses lignes masculines, AU DUC D'ORLÉANS, MON ONCLE, ET A SES ENFANTS ET DESCENDANTS MALES, NÉS EN LÉGITIME MARIAGE : et, au défaut de ses lignes, à mon cousin le Duc de Bourbon, et à ses enfants et descendants mâles nés en légitime mariage, et ainsi successivement à tous les Princes du sang de France, leurs enfants et descendants mâles, pour toujours et à jamais, selon le rang et l'ordre dans lequel ils seront appelés à la Couronne par le droit de leur naissance, et, par conséquent, à celui desdits Princes qui, comme il est dit, moi et tous mes dits descendants exclus, inhabiles et incapables, se pourra trouver le plus proche en degré immédiat du Roi par la mort duquel arrivera la vacance de la Couronne de France, *et à qui devra appartenir la succession, en quelque temps et en quelque cas que ce puisse être, afin qu'il la possède comme véritable et légitime successeur* DE LA MÊME MANIÈRE QUE SI MOI ET MES DESCENDANTS NOUS N'ÉTIONS POINT NÉS.

« Et pour plus grande stabilité de l'acte d'abdication de tous les droits et titres qui m'appartiennent et à tous mes enfants et descendants à la succession de ladite Couronne de France, je me dépouille et me désiste spécialement des droits qui pourroient m'appartenir par les lettres patentes ou actes par lesquels le Roi mon Grand Père me conserve, me réserve et habilite le droit de succession à la Couronne de France, lesquelles lettres patentes furent données à Versailles au mois de décembre de l'année 1700 et passées, approuvées, enregistrées au Parlement.

« Je veux qu'elles ne me puissent servir de fondement pour les effets qui y sont prévus ; *je les rejette et y renonce*, et les regarde comme nulles, d'aucune valeur, comme cancellées et *comme si jamais elles n'avoient été données.*

« Je promets et m'oblige en foi et parole de Roi que *de ma part et de celle de mesdits enfants et descendants, nés et à naître*, je procurerai l'observation et l'accomplissement de cet acte, sans permettre ni consentir qu'il y soit contrevenu, directement ou indirectement, en tout ou en partie, et je me désiste et sépare de tous et chacuns des moyens connus ou inconnus, ordinaires ou extraordinaires, et qui de droit commun ou par privilège spécial peuvent nous appartenir, à moi et à mes enfants et descendants, pour réclamer, dire et alléguer contre ce qui est cy-dessus dit.

« Je renonce à tous lesdits moyens et spécialement à celui de la lésion évidente, énorme et très énorme que l'on pourroit trouver dans le désistement et dans la renonciation du droit de pouvoir, en aucun temps, succéder à ladite Couronne.

« Et je veux qu'aucun desdits moyens, ni autre de quelque nom, ministère, importance ou qualité qu'ils soient, ne nous serve, ne nous puisse valoir, et si de fait, ou sous quelque prétexte, nous voulions nous emparer dudit royaume par la force des armes, faisant ou excitant une guerre offensive ou défensive, je veux, dès à présent comme alors, qu'elle soit tenue, jugée et déclarée pour illicite, injuste, mal entreprise, et pour violence, invasion et *usurpation faite contre la raison et contre la conscience* ;

« Et qu'au contraire, l'on juge et qualifie pour juste et licite et permise celle qui sera faite ou excitée par celuy qui, au moyen de mon exclusion et de celle de mesdits enfants et descendants, devra succéder à ladite Couronne de France ;

« Que ses sujets et naturels aient à le recevoir, à lui obéir, à lui prêter serment et hommage de fidélité, COMME A LEUR ROI ET SEIGNEUR LÉGITIME, et à le servir.

« Et ce désistement et renonciation, pour moy et mesdits enfants et descendants, doit être ferme et stable, valide et *irrévocable perpétuellement et à jamais.*

« Et je dis et promets que je n'ai point fait et que je ne ferai point au contraire de protestation ou de réclamation, en public ou en secret, qui puisse empêcher ou diminuer la force de ce qui est contenu en cet acte. Et, que si j'en fais, encore que ce fût avec serment, elle ne vaudra, ni ne pourra avoir de force.

« Et pour plus grande stabilité et sûreté de ce qui est contenu en cette renonciation, et de ce qui est statué et promis de ma part, j'engage de nouveau ma foi et ma parole Royale, et je jure solennellement, par les Evangiles contenus en ce Missel sur lequel je pose la main droite, que j'observerai, maintiendrai et accomplirai le présent écrit et acte de renonciation, *tant pour moi que pour tous mes successeurs, héritiers et descendants,* dans toutes les clauses qui y sont contenues, selon le sens et la construction le plus naturel et le plus évident;

« Que je n'ai point demandé ni ne demanderai point

d'être relevé de ce serment, et que si quelque personne particulière le demandoit, ou que si cette dispense m'étoit donnée *motu proprio*, je ne m'en servirai, ni ne m'en prevaudrai, mais plutôt, en ce cas, je fais un autre serment, tel qu'il soit et demeure entier, nonobstant toutes dispenses qui m'auroient été accordées, et je passe cet acte devant le présent secrétaire et notaire de ce royaume, et je le signe et ordonne qu'il soit scellé de mon sceau royal.

« Signé :

MOI LE ROY (Philippe V.)

(*Place du sceau Royal.*)

« Contresigné comme témoin, le certifiant en témoignage de vérité :

« Manuel Vadillo y Velasco, notaire et écrivain public du Royaume. — Madrid, 5 novembre 1712.

« Ordonnance du Roy ordonnant de mettre le sceau Royal, pour que l'acte ci-dessus paraisse authentique à toutes les parties qui prétendent se prévaloir de ce qui y est contenu et de tous les effets qui doivent avoir lieu en droit de tout ce qui y est contenu :

MOI LE ROY

« Au Buen–Retiro, le 7 novembre 1712.

« Manuel Vadillo y Velasco. »

5. — RENONCIATIONS DU DUC D'ORLÉANS, 21 novembre 1712.

« Philippe, petit-Fils de France, Duc d'Orléans, de Valois, Chartres et de Nemours. A tous Roys, Princes, Républiques, Potentats, Communautés, et à toutes personnes tant présentes que futures... Nous renonçons pareillement à tout le droit qui nous peut appartenir et à nos enfants et descendants en vertu de la Déclaration faite à Madrid le 29ᵉ octobre 1703 par Philippe cinq, Roy d'Espagne, notre neveu, et quelque droit qui nous puisse appartenir pour nous et nos descendans, nous nous en désistons et y renonçons pour nous et pour eux.... Et pour plus grande assurance et sûreté de tout ce que nous disons et promettons pour nous et au nom de nos successeurs et descendans, Nous jurons solennellement sur les Saints Evangiles contenus en ce Missel, sur lequel nous mettons la main droite, que nous le garderons, maintiendrons et accomplirons en tout et pour tout et que nous ne demanderons jamais de nous en faire relever, et que si quelque personne le demande, ou qu'il nous soit accordé *proprio motu*, nous ne nous en servirons ny prevaudrons. Bien plus, en cas qu'on nous l'accordast, nous faisons un autre serment, que celuy-cy subsistera et demeurera toujours, quelque dispense qu'on puisse nous accorder... » (Bibl. Nat., ms. franç. 10763, fol. 10. — Mêmes renonciations du Duc de Berry, fol. 8, et Clairambault, t. 1175, f. 231.)

6. — Édit de Louis XIV *appelant ses fils légitimés à la Succession éventuelle de la Couronne.* Marly, juillet 1714.

« ... L'affection que Nous portons à Nostre trescher et bien amé Fils, Louis-Auguste de Bourbon, Duc du Maine, et à Nostre très cher et bien amé Fils, Louis-Alexandre de Bourbon, Comte de Toulouse, Nous a engagez à les legitimer et à leur donner le nom de Bourbon, par nos Lettres du mois de Décembre 1673, registrées partout où il a esté besoin... Voulant leur donner encore de plus grandes marques de nostre tendresse et de nostre estime, Nous croyons devoir porter nos vûës plus loin en leur faveur, en pourvoyant en mesme temps à ce que Nous croyons estre du bien et de l'avantage de Nostre Estat : et quoyque par le grand nombre de Princes du Sang dont la Maison Royale est presentement composée, il y ait tout sujet d'espérer que, Dieu continuant d'y répandre sa bénédiction, la Couronne y demeurera pendant une longue suite de siècles, une sage prévoyance exige néanmoins de nostre amour pour la tranquillité de nostre Royaume, que Nous prévenions les malheurs et les troubles qui pourroient y arriver, si tous les Princes de Nostre Maison Royale venoient à manquer, ce qui feroit naistre des divisions entre les grands Seigneurs du Royaume, et donneroit lieu à l'ambition pour s'assurer la souveraine autorité par le sort des armes, et par d'autres voyes également fatales à l'Estat.

« La crainte d'un si triste évènement, que Nous prions Dieu d'éloigner à jamais, Nous engage d'assurer à Nostre Royaume des successeurs qui y soient déja fortement attachés par leur naissance, et de désigner Ceux à qui cette Couronne devra estre dévolue dans les temps à venir, s'il arrivoit qu'il ne restât pas un seul Prince légitime du Sang et de la Maison de Bourbon pour porter la Couronne de France ; Nous croyons qu'en ce cas l'honneur d'y succéder seroit dû à nosdits enfans légitimés et à leurs enfans et descendans masles nez en légitime mariage... » (*Gazette de France*, 1714.)

7. — ETAT DES MAISONS DE FRANCE ET D'ESPAGNE, 1715. — « *Naissances des Souverains et Principaux Princes et Princesses de l'Europe.*

« DE FRANCE : Louis le Grand, XIV du Nom, 5 sept. 1638. — Louis, Dauphin de France, 15 fév. 1710. — Philippes, Duc d'Orléans, petit-Fils de France, 2 aoust 1675. — Louis d'Orléans, Duc de Chartres, 15 aoust 1703. — Louis-Henry de Bourbon, auj. M. le Duc, 18 aoust 1692. — Charles de Bourbon-Condé, Comte de Charollois, 19 juin 1700. — Le Comte de Clermont, fils de feu M. le Duc, 15 juin 1709. — Louis-Armand de Bourbon, Prince de Conty, 10 nov. 1695. — Louis-Auguste de Bourbon, Duc du Maine, 31 mars 1670. — Louis-Auguste de Bourbon, Prince de Dombes, 4 mars 1700. — Louis-Charles de Bourbon,

Comte d'Eu, 15 oct. 1701. — M. le Duc d'Aumale, 3ᵉ fils de M. le Duc du Maine, 30 mars 1704. — Louis Alexandre de Bourbon, Comte de Toulouse, 6 juin 1678. — Philippes de Vandosme, Grand Prieur de France, 23 aoust 1655.

« D'ESPAGNE : Philippes de France, V du Nom, Roy d'Espagne, 19 déc. 1683. — Louis Philippes, Prince des Asturies, 25 aoust 1707. — Philippes, Infant de Castille, 7 juin 1712. — Ferdinand, 3ᵉ fils du Roy d'Espagne, 23 sept. 1713. » (*Almanach Royal*, 1715, p. 31-32.)

8. — « DÉCLARATION DU ROY *concernant les rangs et honneurs des Princes légitimez, dans les Cours de Parlement ; Donnée à Versailles le 26 avril 1723.*

« LOUIS, par la grâce de Dieu Roy de France et de Navarre... L'affection que Nous avons apportée en naissant pour les interests d'une Nation au gouvernement de laquelle la Providence divine Nous a appelé, Nous a engagé dès les premières années de Nostre règne à Nous faire représenter l'Edit du feu Roy nostre très honoré Seigneur et Bisayeul, du mois de juillet 1714, par lequel il auroit appellé, au défaut des Princes légitimes de la Maison de Bourbon, Loüis Auguste de Bourbon, Duc du Maine, et Loüis Alexandre de Bourbon, Comte de Toulouse, ses fils légitimez, et leurs enfans et descendans masles à perpétuité, au droit de succéder à la Couronne de France, exclusivement à tous autres, et auroit en conséquence ordonné qu'ils jouiroient à l'avenir, tant dans sa Cour que dans ses parlemens, de tous les honneurs et prérogatives qui n'appartiennent qu'aux Princes issus de sang royal par une filiation légitime, qui seule peut donner droit à la Couronne ; et ayant reconnu que ce qui n'estoit dans l'intention du feu Roy que l'effet d'une prévoyance qu'il avoit crû nécessaire pour prévenir des troubles et assurer la tranquillité dans ce Royaume, non seulement donnoit atteinte *au droit qui appartient le plus incontestablement à la*

Nation Françoise de se choisir un Roy, au cas que dans la suite des temps la race des Princes légitimes de la Maison de Bourbon vînt à s'éteindre, mais qu'il estoit déjà devenu la source d'une division inévitable entre les Princes de Nostre sang et les Princes légitimez, par la confusion des rangs et des honneurs que la Nation défère avec joye à ceux qu'une légitime naissance appelle au droit de succéder à la Couronne, et qui ne peuvent estre communiquez à ceux qui par la constitution de cette Monarchie se trouvent exclus de cette succession... » (Clairambault, t. 1175, fol. 167, impr.)

9. — État des Maisons de France et d'Espagne, 1723. — *Naissances des Princes et Princesses de l'Europe.*
« FRANCE : Louis XV, Roy de France et de Navarre, né à Versailles le 15 fév. 1710. — Philippe d'Orléans, Petit-Fils de France, Duc d'Orléans, Régent du Royaume, né à St-Cloud le 2 aoust 1674. — Louis d'Orléans, Duc de Chartres, né à Versailles le 4 aoust 1703. — Louis-Henry de Bourbon, né à Versailles le 12 aoust 1692. On le nomme « M. le Duc. » — Charles de Bourbon-Condé, Comte de Charollois, né à Versailles le 19 juin 1700. — Louis de Bourbon-Condé, Comte de Clermont, né le 15 juin 1709. — Louis-Armand de Bourbon, Prince de Conty, né à Versailles le 10 nov. 1695. — Louis de Bourbon-Conty, Comte de la Marche, né à Paris le 13 août 1717. — N... de Bourbon-Conty, Duc de Mercœur, né à Paris le 19 août 1720.

« **

« Louis-Alexandre de Bourbon, Comte de Toulouse, « Prince légitimé, né le 16 juin 1678. »
« ESPAGNE : Philippe, Fils de France, V du nom, Roy d'Espagne et des Indes, né à Versailles le 19 déc. 1683. — Louis-Philippe, Prince des Asturies, né à Madrid le 25 aoust 1707. — Ferdinand, Infant d'Espagne, né le 23 sept. 1713. — Carlos, IIe Infant, né le

20 jan. 1716. — Philippe, IIIᵉ Infant d'Espagne, né
le 15 mars 1720. » (*Almanach Royal*, 1723, p. 44-45.)

10. — LA PATTE DU COQ. — Jusqu'à ce jour je ne
m'étais jamais occupé des origines de la fleur-de-
lis, et je n'ai souvenance d'en avoir parlé que très incidemment dans une œuvre de ma première jeunesse,
Le Spectre de la Maison de Bourbon, publiée en 1862
dans le *Mercure de France*, puis insérée dans mon
livre, *Histoires du bon vieux temps*, avec d'autres nou-
velettes. Pas l'ombre de prétention à l'érudition dans
ces pages fantaisistes de la vingtième année. L'imagina-
tion aidant et pour les besoins de mon sujet, dans le
dit *Spectre*, j'identifiais en quatre lignes la fleur-de-lis
avec... « le trident de Neptune » (*sic*), et, paraphrasant
Le Mière, je décernais à la France... « le sceptre du
monde ». C'est la seule fois, je le répète, que je me
souvienne d'avoir écrit sur la fleur-de-lis, et vous
voyez avec quelle gravité ! Jugez quelle fut ma sur-
prise lorsque M. Gaston Bernos, notre zélé Secrétaire,
me fit lire dans le tome VIII (1872) du Dictionnaire
Larousse, page 456, cette critique inénarrable :

« M. de Poli a émis sur l'origine de la fleur-de-lis
« une théorie au moins bizarre. Il croit que les con-
« quérants, afin de se populariser chez les peuples
« conquis et se fondre avec eux, abandonnèrent leur
« emblême primitif pour adopter celui des premiers
« maîtres du sol sur lequel ils s'implantaient. Ainsi
« les Francs auraient pris pour emblême la patte du
« coq (*gallus*).

« En effet, *dit-il*, la patte du coq imprimée sur le
« sol dessine l'ancienne fleurs-de-lis, à 3 branches su-
« périeures et terminée par une pointe unique ; car, il
« est bon de le remarquer, l'addition des deux branches
« latérales inférieures est relativement moderne et ne
« remonte guère plus haut que le xivᵉ siècle. »

«... Son idée ne repose sur *rien*. De plus, l'énorme
« différence qui se trouve entre les fleurs-de-lis les
« plus primitives et l'empreinte de la patte du coq,

« l'absence complète de tout terme intermédiaire en-
« tre ces deux extrêmes, nous empêche d'admettre
« cette idée *étranges* (*sic*). »

Même en admettant que j'aie jamais émis cette
« théorie au moins bizarre », je n'ai pu le faire (avant
1872) que dans quelqu'une de mes autres œuvres de
jeunesse, avec la licence d'ingéniosité assurément permise aux romanciers. Admirez le sérieux de mon
docte critique et de ce grossier fatras ! Mais est-ce
bien de moi qu'il s'agit ? N'ai-je pas eu, il y a 25 ou
30 ans, un compromettant homonyme ?... C'est égal,
je frémis de tout mon être à la pensée que feu
M. Floquet, après avoir consulté son oracle chéri,
eût pu, du haut des rostres, à la face de mon pays et
de la postérité, m'imputer la théorie... de la patte du
coq ! — Et voilà justement comme MM. les Encyclo-
pédants écrivent l'histoire et font à bon compte de la
critique transcendante ! *Risum teneatis, amici !*

11. — ÉCUS A TROIS FLEURS-DE-LIS, 2-1. — Ann. 1302,
G. Boffiaus, chevalier ; Sacase de Flouringesele, ch.
— 1303, la ville de Compiègne. — 1304, G. de
Chambes, écuyer, *à la bande brochant.* — 1317, sceau
royal de Lauzerte[1]. — 1338, G. de Channay, ch. —
1340, J. de Lugny, ch. — 1343, Philippe VI, Roi de
France[2]. — 1349, Hug. de Villesavoir, ch., capitaine
de Plassac en Saintonge. — 1351, Gui de Brilhac, ch.
— 1352, Sénéchaussée de St-Jean-d'Angély, *à la couronne en abîme.* — 1354, Giraud de Froberville, éc.
— 1355, J. de Carouges, ch., porte semé de fl.-de-lis :
ses descendants les réduisent à trois[3]. — 1356, G. de
Maulay, ch. — 1358, P. Chopart, ch. et maistre d'hos-
tel du Roy, maréchal du Comté de Poitiers[4]. —
1374, châtell. de Lihons. — V. 1375, Charles, Dauphin,

(1) *Archives* de Tarn-et-Garonne, G 592.
(2) DOUET-D'ARCQ, *Sceaux des Arch. Nat.*, num. 55.
(3) *Pièc. orig.*, Carrouges, 2-3, et Carouges, 2.
(4) *Pièc. orig.*, Chopart, 6.

écartelé de France (3 fl.-de-lis) et de Dauphiné. -
1376, Alain Briant, éc., *à la bordure.* — 1377, Segui-
non de la Faurie, éc., *brisé d'un oiseau en abîme.* —
1379, Jac. de Bours, éc., *au lambel.* — 1380, J. de Her-
mont, dit Bridoul, ch., *au pied coupé.* — 1381, P. de
la Rocherousse, éc., *au lambel.* — 1383, J. de Vic. éc.,
à la bordure. — 1386, Raoul de Rassilly, ch. — 1387,
Colart de Wandonelle, éc., *au pied coupé.* — 1393,
Vicomté de Vire. — 1398, châtell. de Blois, *au lambel.*
— 1412, Charles, Duc d'Orléans, sceau éq. Contre
sceau : 3 fl.-de-lis, *au lambel*[1]. — 1414, G., s. de
Bousse, ch. — 1415, Raulin de Thoranne, éc., *à-
l'étoile en abîme.* — 1419, P. Haton, éc. — 1420,
Bailliage de Montargis. — 1421, Cour de Poitiers, écar-
telé de France (3 fl.-de-lis) et de Dauphiné. — 1425,
Hannus d'Aube, écuyer — 1441, contre-sceau de
Charles VII[2]. — 1444, J. de la Halle, éc., *à la bordure.*
(Clairambault, *Titres scellés,* pass. — Douët-d'Arcq,
Sceaux des Arch. Nat., passim.)

12. — PORTRAITS ARMORIÉS DE PHILIPPE V ET DE SES
SUCCESSEURS. — V. 1710. Sujet allégorique : « Anti-
« quité de l'Espagne en possession depuis très long-
« tems d'une gloire éclatante acquise dans les armes...
« et illustrée plus que jamais sous le règne de Phi-
« lippe V. Cazes invenit del. Fessard sculp. » Armes
d'Espagne : sur le tout, *d'Anjou.* — Portrait de Philippe V, signé Ber. « Se vend à Paris chez Crespy rue
S. Jacques devant la boëte de la Poste. » Armes : sur
le tout, *d'Anjou.* — Grand portrait : « Philippe Vᵒ,
Roy d'Espagne, Crespy sculpsit. » Sur le tout, *d'Anjou.*
— Petit portrait gravé par Simonneau. Sur le tout,
d'Anjou. — Grand portrait : « P. Valentinus delin. R. V.
Auden Aerd sculps. Dominici de Rubeis formis Romae
ad Templum S. Marie de Pace, cum privilegio S.
Pont. et Super. permissu. » Sur le tout, *d'Anjou.* —

(1) DOUËT-D'ARCQ, num. 943.
(2) DOUËT-D'ARCQ, num. 73.

8

Grand portrait : « Nic. Pitau sculpsit. A Paris, se
vend chez N. Pitau. rue des Noyers, vis-à-vis S. Yve. »
Sur le tout, *d'Anjou*. — Grand portrait : « C. Duflos
sculpsit et excudit. Rue S. Jacques près les Mathu-
rins. » Grandes armes : sur le tout, *de Castille et de
Léon*. — Portrait : à Paris chez Bercy, rue S. Jacque,
à la Princesse de Savoye, avec privilége. » Sur le tout,
d'Anjou. — Portrait : « Se vend à Paris chez Des-
hayes, rue S. Jacques et rue de la Coutellerie, à la
Couronne Royale, avec priv. du Roy. » Sur le tout,
d'Anjou. — Portrait gravé par J. le Poutre. Écu :
coupé ; sur le tout du 1, *De France plein*. — Portrait :
« J. G. Harretoyn inv. del. et fecit Bruxel. 1701. » *De
même*. — V. 1729. Famille Royale d'Espagne ; « à Paris chez la veuve Bonnard, au Coq. » Sur le tout,
d'Anjou.

Louis Ier. — Portrait. « Don Luis Fernando, Prince
des Asturies. A Paris, chez Poilly, à Saint Benoist. »
Grandes armes ; sur le tout, *d'Anjou*.

Charles III. — Portrait, comme Roi de Naples et de
Sicile : « J. Christian Leopold excudit Augusta Vin-
delicorum. » Sur le tout, *d'Anjou*. — Comme Roi
d'Espagne, 1761 ; portrait par J. Antonius a Penna,

gravé par J. C. Schuab. Armes : écartelé de Castille
et de Léon : sur le tout, *d'Anjou.*

CHARLES IV. —- Portrait en couleur, dessiné par Be-
lache, gravé par Canu. Même écartelé ; sur le tout,
écu ovale *d'Anjou.* — 1807. Famille Royale d'Espagne : « R Cosway del. Anthony Cardon sculp. » Sur
le tout, *de France plein.*

FERDINAND VII. — Portrait gravé par Canu : « La-
fuente invenit. » Écartelé de Castille et de Léon ; sur
le tout, écu ovale, *d'Anjou.* — 1817. Portrait : « Dibux
en Madrid p^fr D^a A. Thibault. Gravado p^r C. M. F.
Dien. » Même écartelé ; sur le tout, *de France
plein.*

ISABELLE II. — Écartelé de Castille et de Léon, enté
en pointe de Grenade ; sur le tout, *de France plein*
(Tel que l'écu ci-dessus.)

13. — ADHÉSION DES PRINCES DE LA MAISON DE FRANCE
à la Protestation de S. M. le Roi Louis XVIII contre
l'éventualité de la proclamation de l'empire. Wans-
tead house, 23 avril 1803.

« Si l'injuste emploi d'une force majeure parvenait,
ce qu'à Dieu ne plaise, à placer, de fait et jamais de
droit, sur le Trône de France tout autre que le Roi
Légitime, nous déclarons que nous suivrions, avec
autant de confiance que de fidélité, la voix de l'honneur qui nous prescrit d'en appeler, jusqu'à notre dernier soupir, à Dieu, aux Français et à notre épée.
Signé : « Charles Philippe [1]. — Louis Antoine [2]. —
Charles Ferdinand [3]. » etc. (Communiqué par M. le
Baron Tristan Lambert.)

14. — GRANDES ARMES D'ESPAGNE, 1773. — « Les
armes du Roi d'Espagne actuel sont :
« Un écu tiercé en fasce, et la première de ces fasces

(1) Le Comte d'Artois.
(2) Le Duc d'Angoulême.
(3) Le Duc de Berry. Les autres Princes adhérents sont les Ducs
d'Orléans et de Montpensier, le Comte de Beaujolais, le Prince
de Condé, les Ducs de Bourbon et d'Enghien, le Prince de
Conti.

est partagée en 4 parties; la première, d'or à 4 pals de gueules, *qui est d'Arragon* ; la seconde, écartelée en sautoir, le chef et la pointe d'or, aussi à 4 pals de gueules, *pour Arragon*, et les flancs d'argent à une aigle de sable, le vol étendu, *qui est de Sicile* ; la troisième, de gueules à une fasce d'argent, *qui est d'Autriche*; et la quatrième, d'azur à 3 fleurs-de-lis d'or, posées 2 et 1, et une bordure componnée d'argent et de gueules, *qui est de Bourgogne moderne*.

« La seconde fasce, partie, au 1 d'or à 6 fleurs-de-lis d'azur, posées 3, 2 et 1, *qui est de Farnese* ; et au 2, d'or à 5 tourteaux de gueules, posés 2, 2 et 1, surmontés d'un autre tourteau d'azur chargé de 3 fleurs-de-lis d'or, posées 2 et 1, *qui est de Médicis-Toscane*. Cette seconde fasce, chargée au milieu d'un écusson écartelé au 1 et 4 de gueules à un château d'or, sommé de 3 donjons de même, *qui est de Castille* ; au 2 et 3, d'argent à un lion de gueules, couronné, langué et onglé d'or, *qui est de Léon* ; et sur le tout de ces 4 quartiers, D'AZUR A 3 FLEURS-DE-LIS D'OR, POSÉES 2 ET 1, ET UNE BORDURE DE GUEULES, *qui est de France-Anjou*.

« Et la troisième fasce, partie mantelée, au 1 bandé d'or et d'azur de 6 pièces, et une bordure de gueules, *qui est de Bourgogne ancien* ; et au 2, de sable à un lion d'or, *qui est de Brabant*. Le dessous de ce mantelé, aussi parti, au 1 d'or à un lion de sable, langué et onglé de gueules, *qui est de Flandres* ; et le 2, d'argent à une aigle de gueules, ayant le vol étendu, *qui est d'Anvers*. » (La Chénaye-Desbois, *Dict. de la Noblesse de France*, éd. in-4°, 1773, VI, 90-91.)

LABOR ET PROBITAS